Anselm Grün

Zeit für Versöhnung

Anselm Grün

Zeit für Versöhnung

Spaltung überwinden, Begegnung wagen

FREIBURG · BASEL · WIEN

Die Bibelverse wurden folgender Übersetzung entnommen:
Die Bibel. Die Heilige Schrift des Alten und Neuen Bundes. Vollständige deutsche Ausgabe
© *Verlag Herder, Freiburg im Breisgau 2005*

© Verlag Herder GmbH, Freiburg im Breisgau 2023
Alle Rechte vorbehalten
www.herder.de
Satz: ZeroSoft SRL
Herstellung: GGP Media GmbH, Pößneck
Printed in Germany

ISBN Print 978-3-451-39488-1
ISBN E-Book 978-3-451-82950-5

Stimmen zum Buch

Nur wenn wir den Weg der inneren Aussöhnung gehen, finden wir zu echter zwischenmenschlicher Versöhnung. Doch ob Versöhnung gelingt oder nicht, bleibt immer auch ein Geschenk. Anselm Grün macht mit seinem Buch Mut, die Schritte hin zu einem versöhnten Leben zu gehen. Ich wünsche allen Leserinnen und Lesern, dass sie immer wieder das Glück erfahren dürfen, das in einem solchen Leben liegt.
(Melanie Wolfers, Seelsorgerin und Autorin)

Wenn wir in der Lage sind, bei allem Schrecklichen und Grausamen des anderen Menschen in ihm noch einen Funken Menschlichkeit zu sehen, vielleicht etwas Gutes oder Wahres oder Schönes, dann gibt es Hoffnung, dann ist Versöhnung möglich. Im letzten ist Versöhnung mit dem anderen nur dann möglich, wenn wir selbst in der Lage sind, unsere eigenen dunklen Seiten anzuschauen und diese anzunehmen. Erst die Versöhnung mit uns selbst eröffnet die Chance, uns mit dem anderen zu versöhnen. Das ist auch die Botschaft von Anselm Grün und darum halte ich es gerade in der jetzigen Zeit für absolut lesenswert.
(Bischof Heiner Wilmer, Bischof von Hildesheim)

Die Frage nach der Versöhnung mit sich selbst und anderen begleitet mich bereits seit langer Zeit. Wie für Anselm Grün ist auch für mich die Voraussetzung für die Versöhnung mit anderen die Versöhnung mit mir selbst. Sich mit seinen Wurzeln zu versöhnen kann ein langer Prozess sein. Wenn uns Unrecht oder sogar Gewalt geschehen ist, dann ist es sehr hart, sich mit dem eigenen Weg zu versöhnen. Zudem ist nichts schlimmer als eine falsche Versöhnlichkeit, in der sogar Gewalt verharmlost, verdrängt oder schöngeredet wird. Versöhnung aus tiefstem Herzen ist wie alles Wesentliche im Leben nicht machbar. Doch wir können daran arbeiten, indem wir uns Unterstützung suchen, um nicht bitter und hart zu werden. Eine wertvolle Unterstützung auf diesem Weg kann auch dieses Buch sein.

(Pierre Stutz, spiritueller Begleiter und Autor)

„Ob in einer Gesellschaft die Versöhnung wächst oder die Spaltung, liegt nicht nur an den verschiedenen Parteien und gesellschaftlichen Gruppierungen, sondern auch an jedem Einzelnen. Wir sind nicht machtlos den spaltenden Tendenzen der Gesellschaft ausgeliefert", schreibt Anselm Grün in diesem Buch. Wie Anselm Grün bin auch ich davon überzeugt, dass wir alle einen Beitrag leisten können und leisten sollten: indem wir das Gespräch suchen, uns persönlich einbringen und unsere Gesellschaft aktiv mitgestalten. Eine entscheidende Gelingensvoraussetzung aller Versöhnung liegt dabei in der Bereitschaft zum Zuhören. Anselm Grüns starkes Plädoyer wird viele Menschen dazu ermutigen, gegen die Empörungslust und für Zusammenhalt und Versöhnung mit Herz und Verstand einzustehen.

(Ulrich Lilie, Pfarrer und Präsident der Diakonie Deutschland)

Inhalt

Stimmen zum Buch 5

Vorwort 9

Versöhnen statt spalten – Einführung 13

Warum Versöhnung schwerfällt 19
    Die Angst vor Kontrollverlust 20
    Die Angst vor Ablehnung 22
    Die Angst vor dem Scheitern 25

I. Brücken der Versöhnung bauen 27
    Brückenbauer werden 29
    Hindernisse überwinden...................... 31
    Grenzen akzeptieren 34

II. Dimensionen der Versöhnung.............. 41
    Versöhnung mit sich selbst 43
    Die fünf Schritte der Versöhnung mit sich selbst 47
    Wege zur Selbstliebe........................ 57
    Die Basis für die Versöhnung mit anderen 58
    Versöhnung mit anderen 60
    Versöhnung in der Familie 60
    Versöhnung unter Freunden 70
    Versöhnung am Arbeitsplatz................... 78
    Versöhnung unter Glaubensgeschwistern.......... 82
    Versöhnung zwischen den Generationen 86
    Die Versöhnung in der Gesellschaft 90
    Versöhnung zwischen Völkern.................. 96

Versöhnung mit der Natur 103
Versöhnung mit Gott 107

III. Vorbilder der Versöhnung 113
    Jakob und Esau 115
    Josef und seine Brüder 117
    Die Gemeinde in Antiochien 119
    Saul und David – gescheiterte Versöhnung 121
    Vorbilder unserer Zeit 122

IV. Die Früchte der Versöhnung............... 125
    Was bewirkt Versöhnung? 127
    Frieden 129
    Freiheit 131
    Vertrauen 132
    Verbundenheit............................. 134
    Kreativität 135
    Gerechtigkeit............................... 137
    Harmonie 139
    Mut 141
    Hoffnung 142

VI. Jede Versöhnung ist ein Neuanfang
    Schluss.................................... 147

Sachregister................................. 153

Anmerkungen............................... 157

Vorwort

Anselm Grün greift in seinem Buch „Zeit für Versöhnung" eine zentrale Herausforderung unserer Tage auf – die Fähigkeit trotz verschiedener Meinungen und alter Verletzungen neu und friedlich, also versöhnt, zueinander zu finden. Versöhnung baut Brücken zwischen Opfern und Tätern, hilft alte Streitigkeiten zu befrieden, Wunden zu heilen und wird somit zu einer wichtigen Form von Friedensarbeit.

Diese heilende und verbindende Kraft der Versöhnung kann nicht hoch genug eingeschätzt werden, sei es auf gesellschaftlicher Ebene oder im privaten Bereich. Europas Frieden nach dem Horror des Zweiten Weltkrieges von 1945 bis zum Überfall Russlands auf die Ukraine im Februar 2022 wäre ohne die deutsch-französische Versöhnung und damit dem Aufbau einer westeuropäischen Friedensordnung nicht möglich gewesen.

Versöhnung wirkt auch im privaten Bereich. Ein Beispiel: Jeder, der eine Ehescheidung erleben musste, weiß um die heilende Kraft der Versöhnung. Wenn ehemals liebende Ehepartner – aus welchen Gründen auch immer – getrennte Wege gehen, dann belasten Schmerz, Schuld, Unausgesprochenes und manchmal sogar Hass den weiteren Lebensweg. Ganz besonders wichtig ist die Versöhnung der Eltern für die von der Scheidung betroffenen Kinder, denn erst durch den neuen „Frieden in Trennung" der Eltern können Kinder auch Frieden mit sich, mit ihrem trennungsbedingten Schmerzen und Ängsten finden und somit neu aufblühen.

Ob im politischen Raum oder im privaten: Versöhnungsbereitschaft wird zu einem wichtigen Kriterium von gelingendem, neu ausgerichtetem menschlichen Zusam-

Vorwort

menleben. Durch Versöhnung schöpfen wir neue Kraft und Mut unsere Leben zu gestalten und das Richtige zu tun. Ich bin überzeugt: Versöhnungsbereitschaft und Versöhnungskompetenz werden zukünftig noch wichtiger, vielleicht sogar zu einem überlebenswichtigen Thema. Warum?

Wir leben in bewegten, aufregenden und häufig auch aufgeregten Zeiten, in einer Epoche der Umbrüche und Veränderungen. Technische Innovationen wie Digitalisierung, künstliche Intelligenz mit der einhergehenden Informationsflut, aber auch Themen wie Verschuldung, die Spannungen zwischen Arm und Reich, politische Krisen, Kriege und Bedrohung unserer Lebensgrundlagen durch Artensterben und die sich verschärfende Klimakrise fordern uns gesellschaftlich und persönlich heraus. Nicht ohne Grund wurde der Begriff der Zeitenwende zum Wort des Jahres 2022. Neue Begrifflichkeiten sind in unser Leben eingezogen. Wer kannte noch vor 15 Jahren Konzepte wie Fake News oder alternative Fakten? Information ist zu einer noch schärferen, weil leichter zugänglicheren Waffe geworden – in der politischen Auseinandersetzung und im privaten Bereich. Gerade bestimmte, oft mehr als abstruse Verschwörungstheorien in der Coronakrise haben gezeigt, wie viel Sprengstoff hier liegt. Freundschaften zerbrachen, Familien wurden gespalten.

Die Intensität und das Volumen von Information, das auf uns täglich einströmt, haben sich allein in den letzten drei Jahrzehnten vervielfacht. Auch hier bewahrheitet sich, dass ein mehr an Quantität nicht unbedingt in besserer Qualität resultiert. Gerade der noch immer weitgehend rechtsfreie und damit auch verantwortungsfreie Raum der sozialen Medien mit seinen Möglichkeiten zu Propaganda, Verunglimpfung und Hetze ist ein trauriges Beispiel.

Vorwort

Diese heutige Vielzahl von Herausforderungen und Problemen scheint manchmal übermächtig, viele Menschen fühlen sich förmlich erdrückt davon. Die Erfahrung warnt uns: Überforderung mündet oft in Sprachlosigkeit, oder schlimmer noch, verleitet zum gedankenlosen Nachplappern dumpfer, populistischer Parolen. Hier ist gerade die deutsche Geschichte voller trauriger Beispiele. Doch die Hoffnung auf einfache Antworten trügt: Sie bewahren uns nur scheinbar davor, uns mit den anstehenden Themen tiefgründiger und sachlicher auseinandersetzen zu müssen. Die Lebenserfahrung lehrt, dass alle Probleme, die wir nicht umgehend anpacken, uns morgen oder übermorgen mit mehrfacher Wucht auf die Füße fallen werden. Es ist wie einer Verletzung; wenn wir uns nicht direkt um sie kümmern, sie desinfizieren und versorgen, dann wird sie sich entzünden und sich im schlimmsten Fall zu einer lebensbedrohlichen Sepsis entwickeln.

An dieser Stelle wird der enorme Wert der Versöhnung sichtbar. Versöhnung hat Ausgleich und neuen Frieden als Ziel, sie ist Teil der Lösung und nicht Teil des Problems. Sie baut Brücken über zuvor als unüberwindbar geltende Gräben und schafft neue Verbindungen. Versöhnungskompetenz und Versöhnungsbereitschaft zwingen uns aufmerksam zuzuhören, andere Meinungen anzuerkennen, auch wenn wir sie so nicht teilen. Versöhnung verlangt von allen Beteiligten Selbstreflektion, das Verlassen der eigenen Komfortzone und damit Selbstüberwindung. Dadurch wird ein neues, gemeinsames Verständnis der Situation, der Probleme und Vergangenheiten aller Beteiligten erreicht. Versöhnung schafft Raum für Verständnis und Anerkennung aller Beteiligten. Dazu muss der Täter Verantwortung für seine Taten übernehmen und das Opfer neue Bereitschaft zur Vergebung zeigen.

Vorwort

Der Umgang mit unterschiedlichen Meinungen, Erfahrungen und Weltanschauungen ist eine Herausforderung für uns alle. Versöhnungsarbeit kann einen wichtigen Beitrag leisten, denn sie hilft uns aus dem Teufelskreis von Recht haben wollen und Recht haben müssen auszubrechen.

Wie schon gesagt: Wir leben in bewegten, aufregenden und häufig auch aufgeregten Zeiten, in einer Epoche der Umbrüche und Veränderungen. Diese Herausforderungen sind eine Realität, vor der wir uns nicht verstecken können. Doch sie sind nicht nur ein Problem, sondern auch eine Chance. Denn jede Krise trägt auch die Freiheit zu neuen Lösungen, Antworten, Wegen in sich. Aber ohne Frieden mit der Vergangenheit, mit dem Trennenden, ohne Versöhnung werden wir diese Lösungen weder finden noch umsetzen können.

Wie heißt es so schön: Wir leben alle unter der gleichen Sonne und atmen die gleiche Luft. Dieser Umstand zwingt uns in privaten und gesellschaftlichen Themen zu gemeinsamen Lösungen. Versöhnung – richtig verstanden – wird dann zu einem wichtigen Mittel um belastete, schmerzhafte Vergangenheiten zu befrieden und um dann aus diesem Frieden neue Kraft und Möglichkeiten für zukunftsfähige, gemeinsame Lösungen zu schöpfen.

Anselm Grün zeigt uns praktische Wege für gelingende Versöhnung auf. Es mahnt uns aktiv zu werden, neue Brücken zu bauen, alten Schmerz zu heilen, Versöhnung aktiv und bewusst zu gestalten. So werden seine wertvollen Gedanken Inspiration und Aufruf für gelingendes Leben.

Viel Spaß beim Lesen wünscht

Ihr Walter Kohl

Versöhnen statt spalten – Einführung

Die Feindseligkeit in unserer Gesellschaft nimmt immer weiter zu – dieses Bild vermitteln uns die Schlagzeilen in den letzten Jahren immer häufiger. Forscher der Universität Münster haben die Spaltung unserer Gesellschaft untersucht und über 5000 Menschen in Deutschland, Frankreich, Polen und Schweden befragt. Ihr Ergebnis haben sie im Sommer 2021 veröffentlicht.[1] Die Studienmacher fanden heraus, dass sich in unserer Gesellschaft tatsächlich zwei Gruppen feindselig gegenüberstehen: Auf der einen Seite steht die Gruppe der Verteidiger. Sie fühlt sich von den Veränderungen unserer Zeit bedroht, macht sich Sorgen um ihre Sicherheit und die Stabilität im Land. Auf der anderen Seite steht die Gruppe der Entdecker. Sie fordert maximale Offenheit und Vielfalt. Die Veränderung kann ihnen nicht schnell genug gehen. Diese beiden Gruppen gibt es schon lange. Jetzt haben Migration, die Finanzkrise, die Klimakrise und die Pandemie die Konflikte verschärft. Für diese beiden Gruppen gibt es nur ein Für und Wider. Egal, ob es um die Einwanderung, den Klimaschutz oder Pandemiemaßnahmen geht: Beide Seiten hören nicht mehr auf die Argumente des andern. Sie wollen nur recht haben. Aggressive Meinungsmacher heizen den Konflikt an. Verschwörungstheoretiker sammeln Anhänger, die ihnen blindlings folgen. Da wird das Verhalten der andern mit einer oft abstrusen Theorie erklärt. Da wird behauptet, dass der Ukraine-Krieg nur der Ablenkung von der Corona-Pandemie dient. Da wurde behauptet, dass Angela Merkel von Hitler abstammt und seine Politik mit anderen Mitteln fortsetzt. Da wurde erklärt, dass Bill Gates das Impfen nur deshalb propagiert, um mehr Geld zu verdienen. Wer sich von solchen Theorien blenden lässt, der ist nicht bereit, darüber zu diskutieren. Wenn ein anderer etwas gegen diese Theorie einwendet, dann ist das nur ein Zeichen, dass er selbst die „Machenschaften von Bill Gates oder von Frau Merkel" unterstützt.

Klimaaktivisten unternehmen immer radikalere Protestaktionen wie Hungerstreiks und Straßenblockaden. Auch die Aktivisten sind nicht bereit, über ihre Klimaschutzforderungen zu diskutieren: Sie sagen, wir haben keine Zeit mehr für Diskussionen. Mit ihren Aktionen möchten sie die Regierung zur Umsetzung ihrer Ziele zwingen.

Diese beiden Gruppen sind nicht mehr zum Dialog bereit. Jede Meinung ist sofort mit der Machtfrage verbunden. Wer hat Macht über die Menschen? So weigern sie sich, ein wirkliches Gespräch zu führen.

Die Verschwörungstheorien und die radikalen Klimaproteste sind eine Realität in unserer Gesellschaft. Sie entzweien Familien und lassen Freundschaften zerbrechen. Auch die Shitstorms in den neuen sozialen Medien, mit denen Politiker oder auch Wissenschaftler, Schriftsteller und andere Prominente überschüttet werden, wenn sie eine umstrittene Meinung äußern, sind Teil unserer gesellschaftlichen Wirklichkeit.

Wenn man all diese Phänomene betrachtet, könnte man von einer tief gespaltenen Gesellschaft sprechen. Und das wird uns auch durch die Medien oft so suggeriert. Doch die Wissenschaftler, die sich mit unserer Gesellschaft beschäftigen, haben in ihren empirischen Studien ein anderes Ergebnis ermittelt. So kamen die Forscher aus Münster zu dem Ergebnis, dass in Deutschland nur eine Minderheit

Versöhnen statt spalten – Einführung

zu den Gruppen der Verteidiger und der Entdecker gehört. Die Mehrheit der Menschen ist zu Gesprächen bereit.[2]

Auch der Sozialpsychologe Tom Postmes aus Groningen hat verschiedene Krisenszenarien untersucht und festgestellt, dass die Krisen die Gesellschaft nicht entzweien, sondern die Mehrheit der Menschen zu einem solidarischen Verhalten drängen.[3]

Manche Medien prognostizieren eine Spaltung der Gesellschaft durch die Energiekrise. Martin Voss, Leiter der Abteilung Katastrophenforschung an der FU Berlin, meint, das sei gefährlich. Wir würden mit unserem Reden von einer Spaltung der Gesellschaft zu einer sich selbst erfüllenden Prophetie beitragen. Die Fehleinschätzung der Gesellschaft habe Rückwirkungen auf die Realität.[4] Ähnlich sieht es der Soziologe Simon Teune von der FU Berlin: „Wer Volksaufstände an die Wand malt", sagt Teune, „erweitert damit vor allem den Spielraum von Rechten und Verschwörungsgläubigen."[5] Dann sieht man alles durch die Brille einer drohenden Spaltung.

Martin Voss ist da zuversichtlich: „Ich glaube nicht, dass wir als Gesellschaft auseinanderbrechen."[6] Es gebe in unserer Gesellschaft viele Bürger und Bürgerinnen, die an die Demokratie glauben und sich auch demokratisch und solidarisch verhalten.

Auch der Soziologe Steffen Mau verneint, dass wir in einer gespaltenen Gesellschaft leben. „Wir leben in einer emotional aufgewühlten Gesellschaft mit vielen neuen Konflikten. Wir haben radikale Ränder. Aber deshalb ist unsere Gesellschaft noch nicht gespalten."[7] Er warnt vor vorschnellen Behauptungen über den Zustand der Gesellschaft. Der Wissenschaftler glaubt an die empirische Forschung und die sagt oft etwas anderes als die Schlagzeilen mancher Medien. Daher hält er die Spaltung der Gesellschaft für ein „Angstszenario".

Alle genannten Soziologen sind sich einig, dass die heutige Situation angespannt und ein Stresstest für unsere Gesellschaft ist. Natürlich wissen sie, dass es viele Konflikte in unserer Gesellschaft gibt und dass die Krise auch radikale Kräfte stärken kann. Doch sie glauben, dass Dialog möglich ist. Gerade in dieser angespannten und aufgewühlten Situation, in der sich unsere Gesellschaft befindet, ist es gut, der empirischen Forschung zu trauen. Und es ist hilfreich, sich bewusst Gedanken zu machen, wie Versöhnung dazu beitragen kann, dass die Gesellschaft nicht auseinanderbricht, sondern solidarisch wird. Die Versöhnung verbindet die Menschen, anstatt sie zu spalten.

Ich möchte in diesem Buch darüber nachdenken, wie Versöhnung gelingen kann, und Wege zum Gelingen aufzeigen. Dabei möchte ich die verschiedenen Bereiche beschreiben, in denen wir Versöhnung brauchen. Doch es geht mir auch um die zentrale Voraussetzung für die Versöhnung mit andern: Das ist die Versöhnung mit sich selbst und mit Gott. Denn wer in sich gespalten ist, wird auch andere Menschen spalten. Außerdem sollten einige Fragen behandelt werden, die jeden beim Thema der Versöhnung beschäftigen: Wo sind die Grenzen für die Versöhnung? Gibt es auch Gründe, unversöhnt zu bleiben? Und was sind die Bedingungen in uns, damit Versöhnung möglich wird? Zuletzt geht es um die Frage, was die Versöhnung uns denn bringt, was die Früchte der Versöhnung sind. Es geht eben nicht um ein moralisierendes Predigen über Versöhnung, sondern um eine Beschreibung, wie Versöhnung möglich wird und was sie uns persönlich und der Gesellschaft bringt. Die Frage nach dem Nutzen soll zwar nicht zentral sein. Aber viele lassen sich auf so ein schwieriges Thema wie Versöhnung nicht ein, wenn sie nicht auch ihren praktischen Nutzen für ein gelingendes Leben erkennen.

Wenn ich in diesem Buch über Versöhnung schreibe, dann immer in der Hoffnung, dass die Menschen sich im Tiefsten nach Versöhnung sehnen. Daher halte ich es gerade in dieser manchmal angespannten Atmosphäre für notwendig, über Versöhnung zu sprechen. Indem wir uns über Versöhnung Gedanken machen, berühren wir die Sehnsucht der Menschen nach Versöhnung. Ich vertraue darauf, dass dann die Sehnsucht nach Versöhnung auch in der Wirklichkeit unserer Gesellschaft und in der Wirklichkeit von Familie, Freundschaft, Firma und Kommune Verbundenheit statt Spaltung schaffen kann und wird. Daher möchte ich nicht moralisierend über Versöhnung schreiben, sondern Möglichkeiten und Wege aufzeigen, damit die Menschen in ihrem versöhnenden Verhalten gestärkt werden und den Mut haben, der heilenden und verbindenden Kraft der Versöhnung zu trauen.

Warum Versöhnung schwerfällt

Die Angst vor Kontrollverlust
Die Angst vor Ablehnung
Die Angst vor dem Scheitern

Wir erleben sowohl im persönlichen Bereich als auch in unserem öffentlichen Leben, dass Menschen sich mit der Versöhnung schwertun. Es gibt viele Gründe, warum Versöhnung schwerfällt. Ich möchte nur einige nennen.

Die Angst vor Kontrollverlust

Versöhnung verlangt, dass ich auf den andern zugehe und mit ihm versuche, den Konflikt zu klären und ein neues Miteinander zu wagen. Ich muss aus mir herausgehen. Das erzeugt Unsicherheit. Viele Menschen stehen unter dem Druck, sich ständig kontrollieren zu müssen. Solange sie sich und ihren Standpunkt behaupten, fühlen sie sich sicher. Doch das Kontrollbedürfnis macht sie beziehungsunfähig. Sie können sich nicht auf den andern einlassen. Denn dann geben sie die Kontrolle aus der Hand. Wer von seiner frühen Kindheit an als Lebensmuster von seinen Eltern gelernt hat, sich zu kontrollieren, der tut sich schwer, seine Gefühle zu zeigen. Er hat Angst, dass er seine Gefühle nicht kontrollieren kann. Doch wenn ich mich auf den andern einlasse, dann geht es nie nur um rein rationale Argumente. Es geht immer auch um die Gefühle, die ich dem andern gegenüber spüre und die der andere mir gegenüber hat.

Das Kontrollbedürfnis hat oft die Ursache in einem mangelnden Selbstwertgefühl. Weil man sich unsicher fühlt, muss man sich kontrollieren, damit die andern die eigene Schwäche nicht sehen. Und Menschen, die sich ständig kontrollieren, haben letztlich eine negative Sicht von sich selbst. Eine Frau erzählte mir: „Ich kann nicht in

Die Angst vor Kontrollverlust

die Stille gehen, da geht ein Vulkan in mir hoch." So musste sie sich ständig kontrollieren. Das führte dazu, dass sie nicht zur Ruhe kam und ständig mit der Angst lebte, der Vulkan könne doch einmal hochgehen. Versöhnung verlangt, dass ich auf den andern zugehe und dass ich mich so zeige, wie ich bin. In einem Versöhnungsgespräch kommt immer auch die eigene Wahrheit ans Licht. Wenn ich mich jedoch weigere, meine innere Wahrheit zu zeigen, dann ist keine Versöhnung möglich.

Menschen, die von früh auf gelernt haben, alles zu kontrollieren und optimieren, haben damit beruflich oft Erfolg. Die Kontrolle hat ihnen geholfen, auf der Karriereleiter höher zu klettern. Dieses Lebensmuster war eine Zeit lang durchaus hilfreich. Nach außen wirken sie besonders geradlinig und standfest. Es scheint, als könnte ihnen keine Krise etwas anhaben. Doch wenn das Lebensmuster zum Zwang wird, dann hindert es uns an der Begegnung und es hindert uns an der Versöhnung. Viele Menschen, die sich immer kontrollieren wollen, haben letztlich Angst vor sich selbst. Sie haben eine negative Sicht auf sich selbst. Sie haben das Gefühl, dass in ihrem Innern viele negative Gedanken und Emotionen sind, die sie unter Verschluss halten müssen. Diese Menschen leben ständig in der Angst, die Kontrolle zu verlieren und keinen festen Boden mehr unter den Füßen zu spüren. Doch Versöhnung verlangt, dass ich meinen starren Standpunkt verlasse, mich zeige und auf den andern zugehe.

Es gibt das Sprichwort: „Wer alles kontrollieren will, dem gerät alles außer Kontrolle." Wer seine Gefühle immer kontrollieren will, der wird irgendwann einmal ausflippen, wenn jemand seine Achillesferse trifft. Wer alles kontrollieren will, der ist unfähig zur Versöhnung. Doch ständig unversöhnt zu leben, führt dazu, dass man sein Leben nicht mehr unter Kontrolle hat. Denn dann hat er ständig Angst, von andern bekämpft zu werden. Versöhnung schafft ein Klima des Vertrauens. In einem unversöhnten Klima lebe ich ständig in der Angst vor Menschen, die meine Ängste und Fehler aufdecken könnten oder die mir schaden wollen. Und je mehr ich um mich herum lauter Gefahren wittere, umso mehr muss ich mich kontrollieren. So entsteht ein Teufelskreis: Wer sich kontrollieren will, ist unfähig zur Versöhnung. Und eine Atmosphäre von Unversöhntheit und Spaltung führt dazu, dass ich mich immer noch mehr kontrollieren muss.

Die Angst vor Ablehnung

Im Lateinischen heißt Versöhnung *reconciliatio*. Das bedeutet, dass die Beziehung und die Gemeinschaft wiederhergestellt werden. Damit ist aber auch ausgesagt, dass die Gemeinschaft gestört ist. Es braucht also zuerst das ehrliche Eingeständnis, dass die Gemeinschaft so, wie sie ist, nicht gut ist. Doch viele trauen sich nicht, der Wahrheit ins Auge zu sehen. Sie tun lieber so, als ob alles in Ordnung wäre. Sie leben ein oberflächliches Miteinander. Unterhalb der Oberfläche gibt es jedoch Intrigen, Feindseligkeit, Spannungen und Spaltungen.

Viele Menschen befürchten: Wenn ich diese Spannungen und Spaltungen anspreche, könnte es den andern unangenehm sein. Sie wollen lieber die Wahrheit unter Verschluss halten und so tun, als ob alles in Ordnung wäre. Sie haben Angst, die Wahrheit anzusprechen. Alle könnten sich auf einmal gegen sie wenden. Die andern könnten beteuern, dass es doch ein gutes Miteinander gibt. Nur ich hätte Probleme, nur ich würde alles so negativ sehen. Oder sie könnten mir die Schuld zuschieben, dass ich das gute Klima in der Gruppe störe oder gar vergifte. Sie könnten mir die Schuld geben, den Frieden zu stören, und mich als Störenfried bezeichnen. Ich sei schuld an dem Konflikt. Auf einmal könnte das nach außen hin harmonische Verhältnis gestört sein. Daher verdrängen oft beide Parteien lieber den Konflikt, als sich der Wahrheit zu stellen.

Versöhnung ist nur möglich, wenn wir die Konflikte offen ansprechen, die uns voneinander trennen. Die Konflikte betreffen aber zunächst immer auch mich und mein Verhalten. Und so haben viele Angst, sich dem Konflikt zu stellen, denn sie müssten sich der eigenen Wahrheit stellen. Und die ist nicht immer so glatt und schön, wie sie sich als Person nach außen geben. Daher haben sie Angst, dass im Konflikt die eigene Wahrheit zur Sprache kommt. Sie haben Angst, kritisiert zu werden und von den andern abgelehnt zu werden.

Viele Menschen haben Angst, einen Konflikt zur Sprache zu bringen. Sie verdrängen oder verleugnen lieber den Konflikt und können so einigermaßen friedlich leben. Doch sie spüren, dass das kein wirkliches Leben ist, weil da ganz viel vom Leben ausgeschlossen wird. Einen Konflikt anzusprechen bedeutet, unangenehme Dinge zur Sprache zu bringen. Das trauen sich viele nicht, aus Angst, der andere, mit dem sie auf oberflächliche Weise einigermaßen gut auskommen, könnte sie ablehnen.

Ich erlebe oft, dass mir Frauen erzählen, dass sie von der Familie ausgegrenzt wurden, als sie den sexuellen Missbrauch durch den Vater oder durch einen nahen Verwandten ansprachen. Sie wurden als Nestbeschmutzer vom Rest der Familie beschimpft und aus der Gemeinschaft ausgestoßen. Das Aufdecken des Missbrauchs ist die Voraussetzung, dass man durch das Tal der Tränen hindurchkommt und zur Versöhnung gelangt. Doch oft will die Familie von der Wahrheit nichts wissen. Die Wahrheit lässt sich aber nicht verleugnen. Sie legt sich über die Beziehungen in der Familie und trübt das Miteinander. Unter der Decke des Verschweigens verdunkelt der nicht aufgedeckte Missbrauch die Atmosphäre. Doch manche ziehen das Leben im Dunkeln der Wahrheit vor. Das griechische Wort für Wahrheit *aletheia* meint, dass der Schleier, der über allem liegt, weggezogen wird und wir die Wirklichkeit so sehen, wie sie ist. Jesus sagt: „Die Wahrheit wird euch frei machen." (Joh 8,32) Versöhnung ist nur möglich, wenn die Wahrheit ans Licht kommt. Davor haben viele Angst und verdrängen lieber die Wahrheit. So wird das Leben irgendwie unwirklich. Jeder weiß in seinem Unbewussten, dass in der Familie etwas nicht stimmt. Aber niemand traut sich, die Wahrheit anzusprechen, aus Angst, dann selbst ausgegrenzt und als Nestbeschmutzer beschimpft zu werden.

Wie wir mit einem Konflikt umgehen, hängt immer von unserer eigenen Lebensgeschichte ab. Wenn ich als Kind ständig Angst haben musste, dass die Eltern sich trennen, dann werde ich als Erwachsener jeden Konflikt verdrängen. Ich versuche dann, immer zu harmonisieren: Es ist doch alles in Ordnung. Wir verstehen uns doch. Es würde mir den Boden unter den Füßen wegziehen, mir einzugestehen, dass da ein Konflikt herrscht in der Gruppe oder dass da vieles in meiner Freundschaft, in meiner Partnerschaft nicht mehr stimmt, dass da unterschwellig viele Konflikte herrschen. Da aber nicht nur ich selber, sondern vermutlich auch die andern den Konflikt lieber verdrängen, weil sie dann auch mit der eigenen Wahrheit konfrontiert würden, ist keine wirkliche Versöhnung möglich. Das Miteinander ist oberflächlich. Doch das, was unterhalb der Oberfläche an verdrängten Aggressionen sich angesammelt hat, kann irgendwann explodieren. Dann wird so viel zerbrechen, dass es zu spät sein kann für eine Versöhnung.

Die Angst vor dem Scheitern

Wenn ich auf den andern zugehe, um die Differenzen zwischen uns zu klären und den Weg der Versöhnung zu gehen, habe ich keine Garantie, dass der andere sich wirklich darauf einlässt. Es kann sein, dass er stur bleibt, dass er alle Schuld an der Spaltung mir zuschiebt. Und es kann sein, dass er die Versöhnung verweigert. Dann wird die Beziehung zu ihm noch schwieriger. Es kann auch sein, dass in einer Gruppe die Konflikte zwar besprochen, aber nicht gelöst werden. Das kann dazu führen, dass das Klima in der Gruppe noch schlechter wird. Vorher hat man aneinander vorbeigelebt. Doch jetzt, da der Konflikt öffentlich geworden ist, wird die Spaltung immer deutlicher. Und das Zusammenleben wird schwieriger, als es in Zeiten der oberflächlichen Harmonie war. Es kann sein, dass der Konflikt jetzt, da er offensichtlich nicht gelöst werden kann, eskaliert und das Klima vergiftet.

Wenn die Versöhnung scheitert, kann ich nicht einfach so weiterleben wie bisher. Ich muss nach neuen Wegen suchen, mit dem oder den andern umzugehen. Das kann mich einsam machen. Ich weiß nicht, wie ich dem andern begegnen kann. Und wenn das Scheitern der Versöhnung eine Gruppe betrifft, wird es mir schwerfallen, weiterhin in dieser Gruppe zu leben. Denn ich kann die Wahrheit nicht mehr verdrängen. Es ist schwer, täglich unversöhnten Menschen zu begegnen. Manche haben Angst, dass das Scheitern der Versöhnung zur Feindschaft werden kann, die einen dann ständig belastet.

Das Scheitern der Versöhnung kann in mir Schuldgefühle erzeugen: Ich bin schuld an der Verschlechterung der Beziehungen, weil ich den Konflikt angesprochen habe. Ich bin schuld, weil ich zu wenig auf die Wünsche der andern eingegangen bin. Ich bin schuld, dass die Versöhnung gescheitert ist. Mit solchen Schuldgefühlen möchte ich lieber nicht leben. Aber auch unabhängig von den Schuldgefühlen geht es mir nicht gut, wenn die Versöhnung scheitert. Ich muss dann damit leben, dass andere etwas gegen mich haben, dass andere mich ablehnen, dass ich mir schwertue, mit den andern in Beziehung zu treten. Das Scheitern der Versöhnung kann mir innere Energie rauben und mich lähmen.

I
Brücken der Versöhnung bauen

Brückenbauer werden
Hindernisse überwinden
Grenzen der Versöhnung

Brückenbauer werden

Als meine älteste Schwester 1955 als Au-pair nach Frankreich ging, hatten viele Verwandte und Bekannte große Bedenken. Der Zweite Weltkrieg habe doch die alte Feindschaft zwischen Deutschland und Frankreich noch verstärkt. Es sei für ein deutsches Mädchen schwierig, in eine französische Familie zu gehen. Doch mein Vater bestärkte meine Schwester und sagte ihr: „Geh nur und baue Brücken." Meine Schwester hat Brücken gebaut. Sie kam als Katholikin in eine protestantische Familie. Die französische Familie hat einige Zeit später meine Familie in der Nähe von München besucht. So war eine dauerhafte Brücke entstanden. Das Wort meines Vaters an meine Schwester war für mich seitdem immer auch mein Motto. Ich wollte mit meinen Büchern immer Brücken bauen, Brücken zwischen den Völkern und Kulturen, Brücken zwischen Katholiken und Protestanten, zwischen Glaubenden und Nichtglaubenden, zwischen erfolgreichen und erfolglosen Menschen, zwischen Führungskräften und den Mitarbeitern, die sie führen, zwischen Gesunden und Kranken, zwischen Menschen, die verletzt wurden, und denen, die sie verletzt haben. Versöhnung braucht Brücken, die einer bereit ist, zu bauen.

Eine Brücke verbindet entweder zwei Ufer miteinander oder zwei Berge. Sie überbrückt den Fluss oder ein Tal. Die beiden Ufer sind verschieden und bleiben in ihrer Verschiedenheit bestehen. Doch die Brücke verbindet die beiden Ufer. Wir können von einem Ufer zum andern gehen. Die Brücke schiebt die Ufer nicht ineinander. Sie bleiben getrennt. Aber es gibt eine Verbindung. Das ist ein schönes Bild für die Versöhnung. Die verschiedenen Parteien und Menschengruppen, die verschiedenen Meinungen und Strömungen bleiben in ihrer Eigenheit bestehen. Aber es gibt keine absolute Trennung. Es gibt eine Brücke, über die die Menschen von den entgegengesetzten Ufern und Bergen einen Weg zueinander finden, auf dem sie sich begegnen und miteinander austauschen können. Ihr bisheriges Ufer, ihre bisherige Lebensauffassung bleibt ihre Heimat. Aber sie trennt sie nicht mehr von den Menschen, die eine andere Kultur und andere Werte haben. Sie gehen gerne über die Brücke, um auch die Menschen am andern Ufer kennenzulernen und neue Landschaften zu erleben.

Es braucht also für die Versöhnung Brücken und es braucht Menschen, die bereit sind, über die Brücke auf die Menschen am anderen Ufer zuzugehen und sie zu besuchen, neugierig zu fragen, was sie bewegt. Es braucht also das Interesse für den andern und die Offenheit für ihn. Und es braucht die Bereitschaft, sich auf den Weg zu machen, den eigenen Standpunkt zu verlassen und sich den andern ohne Vorurteile anzuschauen und sich für ihn zu interessieren.

Die Brücke ist seit jeher ein Symbol der Verbindung und Vermittlung. Der Papst nennt sich „Pontifex", das heißt: Brückenbauer. Da wir Christen alle in der Taufe zu Priestern und Priesterinnen gesalbt wurden, haben wir alle die Aufgabe, Brücken zu bauen zwischen verfeindeten Menschen, zwischen Gruppen, die sich entfremdet haben, und zwischen Völkern, die gegeneinander aufstehen.

Es gibt Gespräche, in denen man sich einfach nicht versteht. Statt zu verbinden, trennen uns solche Gespräche. Doch es gibt Menschen, die die Fähigkeit haben, im Gespräch Brücken zu bauen. Sie drängen niemanden, seine Meinung oder seinen Standpunkt zu verlassen. Stattdessen versuchen sie, die Meinung der andern zu verstehen und ihnen eine Brücke zu bauen. Dann braucht sich niemand als Verlierer zu fühlen. Dann baut er zu jedem eine Brücke, die ihn mit den anderen Gesprächsteilnehmern verbindet.

Es ist eine Kunst, Gespräche so zu führen, dass sie nicht spalten, sondern dass zu den unterschiedlichsten Standpunkten Brücken gebaut werden, die miteinander verbinden. Wenn der Leiter des Gesprächs spürt, dass sich unversöhnliche Lager gegenüberstehen oder dass einer mit seinen Aussagen die andern vor den Kopf stößt, dann wird er das zwar nicht so stehen lassen. Aber er wird den, der so vehement seine Meinung verkündet, nicht isolieren, sondern ihm eine Brücke bauen, indem er ihm Fragen stellt, um zu erkunden, was sie miteinander verbindet.

Hindernisse überwinden

Es gibt viele Bedingungen, damit Versöhnung möglich ist. Ein Hindernis für die Versöhnung besteht in den Vorurteilen, die wir anderen Menschen gegenüber haben. Ob wir wollen oder nicht, jeder Mensch hat Vorurteile. Doch unsere Aufgabe ist es, die Vorurteile, die spontan in uns auftauchen, loszulassen und den andern nicht auf unsere Vorurteile festzulegen. Wir sollen versuchen, den andern vorurteilslos anzuschauen.

Der hl. Benedikt lehrt uns, dass wir in jedem Menschen das Antlitz Christi sehen sollen. Das klingt für manche vielleicht zu fromm. Aber es meint, dass wir den andern nicht auf das beschränken, was wir sehen, sondern an das Gute in jedem Menschen glauben, an den guten Kern oder an die Sehnsucht nach dem Guten.

Albert Görres, der Münchner Psychotherapeut, meint: Niemand tut das Böse aus der Lust am Bösen, sondern immer aus Verzweiflung. Das bedeutet, auch den, der Böses tut, nicht auf seine Tat zu reduzieren. Wir glauben, dass auch in ihm die Sehnsucht nach dem Guten ist. Natürlich müssen wir manchmal einsehen, dass sich Menschen gegenüber ihrem guten Kern völlig verschlossen haben. Sie sind so verzweifelt an sich selbst, dass sie auch an das Gute in sich nicht mehr glauben können. Daher müssen sie sich von ihm distanzieren, um ihre negative Sicht nicht verunsichern zu lassen. Trotzdem sollen wir an den guten Kern in jedem Menschen glauben. Manchmal kann dann so ein Wunder geschehen, wie es Dostojewski in seinem Roman „Schuld und Sühne" beschreibt, in dem die Liebe von Sonja in dem Mörder Raskolnikow das Gute weckt. Beide erfahren das als Auferstehung. Der Glaube an das Gute im andern ist die Bedingung, dass wir auch solche Menschen nicht abschreiben, sondern die Hoffnung haben, auch mit ihnen eine Beziehung aufbauen und mit ihnen versöhnt leben zu können.

Zur Auflösung unserer festgefahrenen Vorurteile gehört auch, dass wir den andern nicht bewerten, sondern einfach wahrnehmen, was wir beim andern sehen und erleben. Anstatt zu bewerten, versuchen wir zu verstehen, warum der andere so ist. Jedes Verhalten des andern hat ja eine Bedeutung. Vielleicht zeigt es uns, dass der andere selbst sehr verletzt worden ist. Oder sein Verhalten ist der Versuch, seine eigene Minderwertigkeit zu überwinden. Vielleicht würde er ohne dieses Verhalten, das wir befremdlich finden, verzweifeln. Vielleicht ist es für ihn die Möglichkeit, für sich eine Daseinsberechtigung zu schaffen. Nicht bewerten, sondern verstehen ist die Bedingung dafür, dass wir bereit sind, uns auf den andern Menschen einzulassen und versöhnt mit ihm zu leben.

Die ehrliche Selbsterkenntnis ist eine weitere Bedingung. Ein alter Wüstenvater wurde einmal gefragt, warum er nie über andere urteile. Er meinte: „Weil ich mich selbst kenne." Wer sich selbst kennt, dem vergeht es, über andere zu urteilen, der versucht, dem andern ohne Vorurteil zu begegnen. Und er interessiert sich für den andern Menschen. Er weiß, dass jeder Mensch ein Geheimnis ist, dass jeder seine ganz persönliche Lebensgeschichte hat. Daher braucht es neben der ehrlichen Selbsterkenntnis auch die Neugier, den andern kennenzulernen, auch wenn mir auf den ersten Blick sein Verhalten fremd vorkommt. Die Neugier dem andern gegenüber braucht jedoch als Gegenpol die Fähigkeit, mich von mir selbst zu distanzieren, das ständige Kreisen um mich und meine Bedürfnisse aufzugeben und offen zu sein für andere Menschen.

Eine weitere Bedingung für die Möglichkeit der Versöhnung ist das Gefühl der Verbundenheit und des Einsseins mit allen Menschen. Die griechischen Philosophien haben eine eigene Philosophie des „Einen", des *to hen,* entwickelt. Sie gehen davon aus, dass es neben dem Vielerlei das Eine geben muss, das in allem ist. Jesus selbst betet vor seinem Tod: „Alle sollen eins sein." (Joh 17,21) Sie sollen um ihre innere Einheit wissen. Wenn wir uns auf dem Grund unserer Seele eins fühlen mit allen Menschen, auch mit denen, die ganz anderer Meinung sind als wir, mit denen wir im Konflikt leben, dann fühlen wir uns in der Tiefe mit ihnen verbunden. Und wir dürfen hoffen, dass diese innere Verbundenheit auch durch Konflikte und Spaltungen nicht zerstört wird, sondern dass das Einssein aus dem Grund unserer Seele langsam hochsteigt und auch unser Bewusstsein durchdringt. Das Wissen um das innere Einssein gibt uns die Hoffnung, dass auch Versöhnung mit den Menschen möglich ist, mit denen wir auf der bewussten Ebene keine gute Beziehung haben.

Grenzen akzeptieren

Oft verlangen die Täter vom Opfer Versöhnung. Doch der Täter darf keine Versöhnung vom Opfer erwarten. Das gilt vom sexuellen Missbrauch genauso wie von politischen Verbrechen.

Eine Frau aus dem Osten Deutschlands rief mich an und erzählte mir, die Einsicht in die Stasiakten habe ihr gezeigt, dass ihr Vater sie und ihren Freund ins Gefängnis gebracht hat. Sie meinte, der Vater sei für sie ein Verräter, er sei für sie gestorben, sie wolle nie mehr etwas mit ihm zu tun haben. Diese Wut ist verständlich. Am Telefon sagte ich ihr, dass ich ihre Wut gut verstehe und dass sie auch berechtigt sei: „Sie müssen sich innerlich vom Vater distanzieren. Aber dann sollten Sie sich fragen: Ist mein Vater nur Verräter? Oder ist in ihm nicht noch eine andere Seite? Habe ich ihn als Kind schon als Verräter erfahren? Oder habe ich da Geborgenheit und Halt erfahren?" Die Aufgabe der Frau ist, sich von der Macht des Vaters zu befreien und eine gesunde Distanz aufzubauen. Das könnte in der Vergebung geschehen. Wenn der Vater sich und sein Verhalten rechtfertigt, dann ist keine Versöhnung möglich. Denn die Tochter darf sich selber nicht aufgeben.

Im Verlauf des Gesprächs erzählte sie mir, dass ihre Geschwister gegen sie seien und sie als Nestbeschmutzerin bezeichneten. Das zeigt, dass die Geschwister sich dem

Verrat nicht stellen wollen. Sie wollen eine heile Welt vortäuschen, die es aber in dieser Familie nicht gibt. Der Verrat müsste angeschaut und aufgearbeitet werden. Und der Vater müsste einsehen, was er getan hat, und sich entschuldigen. Dann wäre Versöhnung möglich. Aber auch durch eine Entschuldigung kann der Vater die Versöhnung nicht verlangen. Es kann sein, dass die Verletzung der Tochter so tief ist, dass sie sich nicht versöhnen kann, dass sie den Vater nicht mehr sehen kann. Dann ist es ehrlicher, die Distanz aufrechtzuerhalten, anstatt eine vorschnelle Versöhnung vorzutäuschen. Allerdings sollte diese Distanz immer mit der Hoffnung verbunden sein, dass irgendwann eine Versöhnung möglich sein wird. Die Bedingung ist, dass der Vater sich seiner Schuld wirklich stellt und ihm bewusst wird, wie tief er die Tochter und ihren Freund verletzt hat. Wenn der Vater nicht bereit ist, seine Schuld einzugestehen und sich auf den Schmerz der Tochter einzulassen, ist keine Versöhnung möglich. Dann bleibt der Tochter nur der Weg der Vergebung, sich freizumachen von der Macht des Vaters und den Verrat bei ihm zu lassen.

Die Frage ist, wie es der Tochter ergeht, wenn die Versöhnung mit dem Vater nicht möglich ist. Auch wenn sie dem Vater vergeben hat, bleibt doch der Schmerz über das Unversöhntsein. Es ist dann ihre Aufgabe zu betrauern, dass der Vater so ist, wie er ist, und dass sie weiterhin ohne Kontakt mit dem Vater leben muss. Da fehlt etwas in ihr. Denn wir brauchen die Wurzel unserer Eltern. Doch wenn die Wurzeln vergiftet sind, dann bleiben nur zwei Wege: entweder die Wurzeln zu reinigen oder sie abzuschneiden. Doch wenn die Wurzeln abgeschnitten werden, braucht man andere Wurzeln, damit der eigene Lebensbaum nicht vertrocknet und eingeht. Gute Beziehungen mit Freunden und mit der selbst gegründeten Familie könnten diese Wurzeln ersetzen. Es gibt aber auch spirituelle Wurzeln, die unseren Lebensbaum stärken. Der Glaube an Gott könnte die Wurzeln bis in Gottes Grund hinein wachsen lassen.

Ähnlich ist es beim sexuellen Missbrauch. Der Vater, der seine Tochter sexuell missbraucht hat, darf von der Tochter nicht erwarten, dass sie sich mit ihm versöhnt. Er darf die Hoffnung hegen, dass Versöhnung möglich ist. Aber dazu muss er sich seiner Schuld stellen und die tiefe Verletzung an sich heranlassen, die er seiner Tochter zugefügt hat. Wenn er sich dieser Schuld wirklich stellt, dann ist Versöhnung mit der Tochter möglich. Aber trotzdem kann er sie nicht verlangen.

Eine Frau erzählte mir, dass sie von ihrem Vater sexuell missbraucht worden ist. Sie hatte eine lange Therapie gemacht und am Ende der Therapie das Gefühl gehabt, dass sie jetzt fähig sei, dem Vater zu vergeben. Also besuchte sie ihn. Doch kaum war sie im Haus, musste sie erbrechen. Sie war ganz enttäuscht und meinte, sie habe doch nicht vergeben. Ich antwortete: „Doch, Sie haben vergeben. Aber die Vergebung ist vielleicht erst im Herzen angekommen, aber noch nicht im Leib. Ihr Leib sagt Ihnen, dass Sie die Nähe des Vaters noch nicht ertragen können. Daher sagt Ihnen Ihr Leib, dass eine Versöhnung noch nicht möglich ist. Sie sollten die Hoffnung haben, dass Ihr Leib Ihnen irgendwann erlaubt, sich mit dem Vater zu versöhnen und seine Nähe auszuhalten. Aber jetzt ist es noch zu früh."

Die Frau, die sexuell missbraucht worden ist, musste zuerst versuchen, in einer Therapie diese Wunden heilen zu lassen. Doch diese Therapie war nur der erste Schritt zur Vergebung. Ob Versöhnung möglich ist, hängt einmal von der Tiefe der Verletzung ab, zum andern aber auch von der Bereitschaft des Täters, sich seiner Schuld wirklich zu stellen und sie nicht mit irgendwelchen Ausflüchten erklären zu wollen. Wenn er sich der Wahrheit und Wirklichkeit der Verletzung nicht stellt, wäre es für die Tochter Gift, sich mit ihm zu versöhnen. Dann bleibt ihr nur der Weg der Distanz, in der sie sich frei fühlt von der verletzenden Nähe des Vaters.

Wenn die Tochter den Weg der Distanz wählt, fühlt sie sich frei, aber es fehlt ihr die Wurzel des Vaters. Das gilt es zu betrauern. Auch hier könnte der Glaube an Gott als Vater helfen, in sich ein anderes Vaterbild zu spüren. C. G. Jung meint, jeder habe in sich ein archetypisches Bild des Vaters. Die Tochter kann mit diesem inneren Bild des Vaters in Berührung kommen. Oder aber sie versucht, Gott als Vater zu sehen, der ihr den Rücken stärkt, der sie mit der väterlichen Energie erfüllt, die sie braucht, damit ihr Leben gelingt.

Der Philosoph Max Horkheimer hat den Grundsatz menschlicher Gerechtigkeit darin gesehen, dass die Täter nicht über ihre Opfer triumphieren dürfen. Wenn die Täter weiter in ihrer Täterrolle bleiben und über ihre Opfer triumphieren, ist keine Versöhnung möglich. Zuerst müssen die Täter sich bewegen, sich ihrer Schuld stellen. Manchmal genügt auch keine Entschuldigung. Dann verlangt die menschliche Gerechtigkeit, dass die Täter zur Rechenschaft gezogen und bestraft werden. Erst dann ist Versöhnung in der Gesellschaft möglich.

Ebenso müssen sich aber auch die Opfer bewegen. Wenn sie weiterhin in ihrer Opferrolle bleiben, werden sie andere Menschen bekämpfen, verletzen und zu Opfern machen. So schwächen sie sich selbst in ihrer Opferrolle. Aber wir können das Opfer nicht auffordern, aus der Opferrolle auszusteigen. Manchmal ist die Verletzung so stark, dass sie nicht so schnell, wie wir das möchten, Abschied nehmen können von ihrer Opferrolle. Unsere Aufgabe ist es, diese Menschen zu begleiten und zu stärken, sodass sie irgendwann selbst die Kraft ausbringen, die Opferrolle loszulassen. Dann sind sie fähig, das Leben selbst in die Hand zu nehmen.

In der Geschichte von der Heilung des Mannes mit der verdorrten Hand können wir sehen, wie ein Mensch fähig wird, aus der Opferrolle auszusteigen. (Mk 3,1–6) Da ist ein Mann mit einer verdorrten Hand. Die Hand könnte sinnbildlich dafür stehen, dass der Mann seine Hand zurückgezogen hat. Es ist die Hand, mit der er früher andere Menschen berührt und Beziehung aufgenommen hat. Es ist die Hand, die er anderen Menschen gereicht hat. Man könnte sagen, es ist ein Mann, der sich von den anderen Menschen zurückgezogen hat und nun in seiner Opferrolle bleibt. Als Jesus ihn sieht, sagt er zu ihm: „Steh auf und stell dich in die Mitte!" (Mk 3,3) Das griechische Wort *egeire* heißt auch: Wach auf! Mach endlich die Augen auf und stelle dich deiner Wahrheit. Stell dich in die Mitte, damit du wieder in deine Mitte kommst und dein Leben selber lebst, anstatt immer in der Rolle des Zuschauers und des Opfers zu bleiben. Zuletzt befiehlt ihm Jesus: „Streck die Hand aus!" (Mk 3,5) Er soll sein Leben selbst in die Hand nehmen und es gestalten und nicht immer in der Rolle des Verletzten bleiben. Der Mann, der in der Opferrolle blieb, der sich zurückgezogen hat und seine Finger nicht verbrennen wollte, braucht die väterliche Energie Jesu, um fähig zu werden, aus seiner Opferrolle auszusteigen und sein Leben selbst in die Hand zu nehmen und es zu formen. Zum Material, das er mit seinen Händen formt, kann auch die Erfahrung des sexuellen Missbrauchs oder der tiefen Verletzung, die er erlebt hat, gehören. Aber wenn das Material seiner Lebensgeschichte geformt wird, kann Segen daraus entstehen für ihn und für die Menschen um ihn herum.

II
Dimensionen der Versöhnung

Versöhnung mit sich selbst
Versöhnung mit anderen
Versöhnung mit der Natur
Versöhnung mit Gott

Versöhnung mit sich selbst

Die Versöhnung mit sich selbst ist die Voraussetzung dafür, dass die Versöhnung zwischen Freunden und Völkern und die Versöhnung in der Familie, in der Firma, der Kirche und der Gesellschaft möglich wird. Wer in sich gespalten ist, spaltet auch die Gesellschaft oder die Gruppe, in der er lebt. Versöhnt mit andern kann nur leben, wer sich zuerst auf den Weg macht, sich mit sich selbst zu versöhnen.

Es ist nicht so leicht, sich mit sich selbst zu versöhnen. Oft genug liegen wir im Streit mit uns, mit den verschiedenen Strebungen in uns. Wir können uns selbst nicht vergeben, wenn wir einen Fehler machen, der unser Image nach außen hin ankratzt. Wir können nicht Ja sagen zu unserer Lebensgeschichte. Wir rebellieren dagegen, dass wir diese Erziehung hatten, dass wir in diese Situation der Weltgeschichte hineingeboren wurden, dass sich unsere Träume vom Leben nicht verwirklichen ließen, dass wir als Kinder so tief verletzt und an unserer Entfaltung gehindert wurden.

Manche Menschen bleiben ihr Leben lang in der Anklage und Rebellion gegen ihr Schicksal stehen. Sie klagen bis an ihr Lebensende ihre Eltern an, dass sie von ihnen nicht die Liebe bekommen haben, die sie gebraucht hätten. Sie klagen die Gesellschaft an, dass sie ihr nicht die Chancen eingeräumt hat, die sie von ihr erwartet hatten. Immer sind es die anderen, die schuld sind an ihrer Misere. Sie fühlen sich ihr Leben lang als Opfer. Damit entschuldigen sie ihre Lebensverweigerung. Sie lehnen es ab, sich mit ihrer Lebensgeschichte auszusöhnen, und zugleich weigern sie sich, die Verantwortung für ihr Leben zu übernehmen.

Wer so unversöhnt mit sich selbst lebt, kann nie innere Heilung erfahren. Und von ihm geht keine Versöhnung aus, sondern Bitterkeit, Anklage und Spaltung.

Friedrich Nietzsche weiß, wie schwer es sein kann, aber auch wie notwendig für unseren inneren Frieden, dass wir uns mit uns selbst versöhnen: „Zehnmal musst du dich wieder mit dir selber versöhnen; denn Überwindung ist Bitternis, und schlecht schläft der Unversöhnte."[8] Wer sich nicht mit sich selbst versöhnt, schadet sich selber, oder wie Nietzsche meint, er „schläft schlecht".

Jesus fordert uns immer wieder zur Versöhnung mit dem inneren Gegner auf. In der Bergpredigt heißt es: „Vertrage dich ohne Zögern mit deinem Widersacher, solange du noch mit ihm unterwegs (zum Gericht) bist, damit der Widersacher dich nicht etwa dem Richter übergibt und der Richter dem Gerichtsdiener und du ins Gefängnis geworfen wirst. Amen, ich sage dir: Du kommst von dort sicherlich nicht heraus, bis du den letzten Quadrans bezahlt hast." (Mt 5,25f.)

Der amerikanische Theologe John A. Sanford plädiert dafür, diese Worte nicht vom äußeren Gegner her zu deuten, sondern vom „inneren Gegner": „Es ist der, der die Gedanken denkt, die wir nicht als unsere eigenen anerkennen wollen, der Gefühle und Bedürfnisse hat, die wir nicht offen auszudrücken wagen, weil wir sonst unsere angemaßte Rolle, unser ‚Image', in Gefahr bringen würden. Es ist derjenige, den wir – meist ohne Erfolg – vor anderen verbergen wollen, weil wir fürchten, sonst auf Ablehnung zu stoßen, und den wir auch uns selbst gegenüber zu verheimlichen suchen, weil wir meinen, seinen Anblick nicht ertragen zu können."[9] Mit diesem „inneren Gegner" sollen wir ins Gespräch kommen, solange wir unterwegs sind,

Versöhnung mit sich selbst

und uns mit ihm aussöhnen. Sonst wird uns der Richter – ein Bild für das eigene Über-Ich – in das „Gefängnis" werfen, in den Kerker unserer Selbstvorwürfe und unserer Zwänge und Ängste.[10] Wenn wir erst einmal in diesem inneren Gefängnis stecken, kommen wir nicht mehr so leicht heraus. Daher sollen wir schon, solange wir noch auf dem Weg sind, Frieden schließen mit unserem inneren Gegner.

C. G. Jung meinte einmal, die Neurose, die uns oft genug im Griff hat, ist oft das Ersatzleiden. Wir leiden, weil wir uns weigern, das Leiden an uns und unserer Gegensätzlichkeit anzunehmen. Weil wir uns weigern, uns mit unserer inneren Wahrheit auszusöhnen, die nicht immer angenehm ist, werden wir gleichsam von unserer eigenen Seele damit bestraft, im Gefängnis unserer Neurose zu bleiben. Wir werden erst herauskommen aus diesem Gefängnis, wenn wir „den letzten Pfennig bezahlt" haben, wenn wir den Mut haben, mit unserem inneren Gegner Frieden zu schließen und uns mit unserer Gegensätzlichkeit anzunehmen. „Den letzten Pfennig bezahlen" bedeutet also, dass wir uns durch die Weigerung, uns mit dem inneren Gegner zu versöhnen, selbst bestrafen. Diese Strafe, die wir uns selbst auferlegen, weil wir uns weigern, uns mit unseren Schattenseiten, mit unseren Fehlern und Schwächen, zu versöhnen, müssen wir abzahlen. Wer sich seine Schattenseiten nicht bewusst macht, sondern sie immerzu verdrängt, der erfährt, dass sie sich destruktiv auf ihn auswirken. Daher ist es unsere Aufgabe, uns mit unseren Schattenseiten zu versöhnen.

Als Ermutigung zur Versöhnung mit dem inneren Gegner kann man auch die Worte Jesu im Lukasevangelium auslegen: „Welcher König, der ausziehen will, um mit einem anderen König Krieg zu führen, wird sich nicht zuvor

Dimensionen der Versöhnung

hinsetzen und nachdenken, ob er mit zehntausend Mann dem entgegentreten kann, der mit zwanzigtausend gegen ihn anrückt? Andernfalls schickt er, solange jener noch fern ist, eine Gesandtschaft und bittet um Frieden." (Lk 14,31f.) Der innere Gegner kann unsere Angst sein, unsere Empfindlichkeit, unsere Traurigkeit, unser Neid, unsere Eifersucht, unsere Leere, all das, was wir als Schwächen erleben. Wir möchten all unsere Schwächen besiegen. Doch das Zahlenverhältnis der beiden Gegner zeigt, dass wir bei diesem Kampf nur verlieren können. Oder aber wir verbrauchen alle Energie damit, gegen den Feind in uns zu kämpfen. Doch dann wecken wir in ihm eine Gegenkraft, der wir nicht gewachsen sind.

Als ich vor 59 Jahren ins Kloster eingetreten bin, dachte ich, ich könnte mit meinen „zehntausend Soldaten", mit meiner Willenskraft, mit meiner Disziplin, mit meiner Askese alle meine Schwächen besiegen. Doch nach einigen Jahren bin ich unsanft auf die Nase gefallen und habe erkannt: Ich muss mich aussöhnen mit meinen „inneren Gegnern". Die Gegner sind gar nicht so feindlich. Sie erscheinen mir nur feindlich, weil sie meinem Image von mir selbst widersprechen. Meine Empfindlichkeit widerspricht dem Bild des selbstbeherrschten Menschen, meine Ungeduld dem Bild des gelassenen Mönches. Wenn ich mich aussöhne mit diesen „Feinden", werden sie zu Freunden. Sie führen mich zu wirklicher Gelassenheit und Demut.

Der Weg zum inneren Frieden geht über die Versöhnung mit mir und allem, was ich in mir als Feinde betrachte. Wenn ich Frieden schließe mit den inneren Feinden, wenn ich mich mit ihnen versöhne, dann erlebe ich eine Erweiterung meines Lebens. Im Bild gesprochen: Mein Land wird weiter und statt zehntausend Soldaten habe ich nun dreißigtausend. Ich habe also mehr Energie. Viele vergeuden ihre Energie, indem sie gegen die vermeintlichen inneren Feinde kämpfen. Wenn ich mich mit meinen inneren Feinden versöhne, dann werden sie zu Freunden. Solange ich meine Angst bekämpfe, wird sie immer stärker. Wenn ich mich mit ihr aussöhne, schenkt sie mir innere Ruhe und Freiheit.

Die fünf Schritte der Versöhnung mit sich selbst

Der Weg zur Versöhnung mit sich geschieht für mich in fünf Schritten:
1. Versöhnung mit meiner Lebensgeschichte
2. Ja zu mir sagen
3. Versöhnung mit dem eigenen Schatten
4. Versöhnung mit dem eigenen Leib
5. Versöhnung mit der eigenen Schuld

Schritt 1: Versöhnung mit meiner Lebensgeschichte
Versöhnung mit sich selbst heißt zuerst, sich mit seiner eigenen Geschichte auszusöhnen. Ganz gleich, in welcher Zeit wir geboren wurden, es gibt immer Situationen, denen wir gerne ausgewichen wären. Es gibt nie die ideale Zeit, in die wir hineingeboren werden. Und es gibt nie die idealen Eltern, die wir uns gewünscht hätten. Auch wenn die Eltern es noch so gut meinen, werden wir als Kinder verletzt. Gerade in der Beziehung zu unseren Geschwistern erleben wir, dass andere vorgezogen werden, dass wir benachteiligt sind. Die Eltern können noch so gerecht sein, wir werden dennoch das Gefühl haben, nicht in gleicher Weise beachtet zu werden.

Dimensionen der Versöhnung

Viele haben allerdings eine große Last mit sich herumzuschleppen. Sie haben den Vater oder die Mutter früh verloren. Oder der Vater war unzuverlässig. Er hat getrunken und war nach exzessivem Alkoholgenuss unberechenbar, sodass die ganze Familie sich vor ihm fürchten musste. Die Mutter war depressiv und konnte den Kindern kein Urvertrauen schenken. Ein Kind wurde zu Verwandten abgeschoben, weil die Mutter sich nicht in der Lage sah, es auch noch zu erziehen. Mädchen und Jungen wurden sexuell missbraucht von nahen Verwandten oder sogar vom eigenen Vater. Das sind Hypotheken, die nicht so leicht abzutragen sind. Und es braucht oft eine Therapie, um mit solchen Verletzungen fertigzuwerden. Aber jede Wunde kann heilen. Wir können uns unsere Kindheit nicht aussuchen. Aber irgendwann einmal müssen wir die Verantwortung für unsere Kindheit übernehmen. Wir müssen uns aussöhnen mit allem, was wir erlebt und erlitten haben. Nur wenn wir bereit sind, uns auch mit unseren Wunden auszusöhnen, können sie sich wandeln. Für Hildegard von Bingen ist es die eigentliche Aufgabe des Menschen, seine Wunden in Perlen zu verwandeln. Das gelingt aber nur, wenn ich Ja sage zu meinen Wunden, wenn ich aufhöre, andere dafür verantwortlich zu machen. Denn verwandelt werden kann nur das, was ich angenommen habe.

Die Versöhnung mit meinen Wunden geht allerdings erst einmal über das Zulassen des Schmerzes und der Wut denen gegenüber, die mich verletzt haben. Die Versöhnung mit meinen Verletzungen bedeutet dann zugleich, dass ich denen, die mich verletzt haben, vergebe. Der Prozess der Vergebung braucht allerdings oft lange. Vergebung ist nicht einfach ein Willensakt. Ich muss nochmals das Tal der Tränen durchschreiten, um dann an das Ufer der Versöhnung zu gelangen. Von dort kann ich zurückblicken und verstehen, dass die Eltern mich nicht bewusst verletzt haben, sondern nur deshalb, weil sie selbst als Kinder verletzt worden sind. Es gibt keine Versöhnung mit meiner Lebensgeschichte ohne Vergebung. Ich muss denen, die mich verletzt haben, vergeben. Nur so kann ich die Vergangenheit loslassen, nur so kann ich mich vom ständigen Kreisen um meine Wunden befreien, nur so werde ich frei vom destruktiven Einfluss derer, die mich gekränkt und entwertet haben.

Viele machen Gott für ihre verletzte Lebensgeschichte verantwortlich. Sie brauchen die Anklage gegen Gott, um einen Grund zu haben, ihr Leben zu verweigern. Gott ist schuld, dass sie in diese Familienkonstellation hineingeraten sind, dass sie diese Eigenschaften mitbekommen haben, dass sie so viele Defizite haben und so große Lasten mit sich herumschleppen. Gott habe sie ungerecht behandelt, habe sie fallengelassen und sich nicht um sie gekümmert. So leben sie unversöhnt, in sich selbst zerrissen, unzufrieden mit sich selbst und mit aller Welt, in ständigem Protest gegen Gott, der für ihr Schicksal verantwortlich sei. Sie können Gott nicht vergeben, dass er ihnen dieses Geschick bereitet hat. Manche tun sich schwer mit der Vorstellung, dass sie Gott vergeben sollen. Aber zur Annahme der eigenen Lebensgeschichte gehört es auch, dass wir Gott vergeben können für die Geschichte, die er uns zugemutet hat.

Schritt 2: Ja zu mir sagen
Die Versöhnung mit sich selbst bedeutet ferner, Ja zu sagen zu dem, der ich geworden bin, Ja zu sagen zu meinen Fähigkeiten und Stärken, aber auch Ja zu sagen zu mei-

Dimensionen der Versöhnung

nen Fehlern und Schwächen, zu meinen Gefährdungen, zu meinen empfindlichen Stellen, zu meinen Ängsten, zu meiner depressiven Neigung, zu meiner Bindungsunfähigkeit, zu meinem geringen Durchhaltevermögen. Das deutsche Wort „versöhnen" kommt von „versühnen". Das bedeutet: „Frieden stiften", „schlichten". Es heißt aber auch, zärtlich umgehen, küssen. Sich mit sich selbst versöhnen bedeutet dann: liebevoll auf das schauen, was mir gar nicht liegt, was meinem Selbstbild so ganz und gar widerspricht, auf meine Ungeduld, auf meine Angst, auf mein geringes Selbstwertgefühl. Ja zu sich zu sagen, ist ein lebenslanger Prozess. Denn auch wenn wir meinen, wir hätten uns längst ausgesöhnt mit uns selbst, so tauchen immer wieder Seiten in uns auf, die uns ärgern, die wir am liebsten verleugnen würden. Dann gilt es immer wieder neu, Ja zu sagen zu allem, was in mir ist.

Schritt 3: Versöhnung mit dem eigenen Schatten
Ja sagen zu mir selbst heißt, mich mit meinem Schatten auszusöhnen. Der Schatten ist für C. G. Jung das, was wir nicht zugelassen haben, was wir vom Leben ausgeschlossen haben, weil es unserem Bild von uns selbst nicht entsprochen hat. Der Mensch, so sagt Jung, ist polar angelegt. Er bewegt sich immer zwischen zwei Polen: zwischen Verstand und Gefühl, zwischen Disziplin und Sichgehenlassen, zwischen Liebe und Aggression, zwischen Angst und Vertrauen, zwischen Glauben und Zweifel, zwischen *anima* und *animus*, zwischen Geist und Trieb.

Es ist ganz normal, dass wir in der ersten Lebenshälfte einen Pol besonders entfalten und den andern dabei vernachlässigen. Der vernachlässigte Pol wird dann ins Unterbewusste, in den Schatten verbannt. Dort gibt er aber keine Ruhe, sondern rumort in uns weiter. Das verdrängte Gefühl äußert sich in uns als Sentimentalität. Wir werden von unseren Gefühlen überschwemmt und können nicht mehr angemessen damit umgehen. Wenn wir unsere Aggression verdrängt haben, weil sie nicht unserem Selbstbild entsprach, äußert sie sich oft in Härte und Kälte oder aber in der Depression, in der wir die Aggression gegen uns selbst richten. Oder aber sie zeigt sich in uns als passive Aggression. Nach außen hin sind wir freundlich. Doch die andern spüren die Aggression in uns. Und so machen wir die andern aggressiv, wenn sie mit uns sprechen.

Spätestens in der Lebensmitte sind wir herausgefordert, uns unserem Schatten zu stellen und uns mit ihm auszusöhnen. Sonst werden wir krank, sonst entsteht in uns ein Zwiespalt und wir werden innerlich zerrissen. Wir müssen uns damit aussöhnen, dass in uns nicht nur Liebe ist, sondern auch Hass, dass trotz allen religiösen und moralischen Strebens auch mörderische Tendenzen in uns sind, sadistische und masochistische Züge, Aggressionen, Wut, Eifersucht, depressive Stimmungen, Angst und Feigheit. In uns ist nicht nur eine spirituelle Sehnsucht, sondern wir finden in uns auch gottlose Bereiche, die gar nicht fromm sein wollen. In uns ist nicht nur die Erfahrung von Erfüllung, sondern auch das Gefühl von Leere.

Wer sich dem eigenen Schatten nicht stellt, der projiziert ihn unbewusst auf andere. Er gibt die eigene Disziplinlosigkeit nicht zu und sieht sie nur bei andern. Dann schimpft er über den Ehepartner, den Freund, den Mitarbeiter, dass sie ihr Leben nicht konsequent leben und sich zu sehr gehen lassen. Oder wir projizieren unsere eigene innere Leere auf die andern, indem wir sie für oberflächlich und leer halten, uns aber als spirituelle Menschen empfinden. Den eigenen Schatten annehmen heißt nicht, ihn einfach auszuleben, sondern zuerst einmal, ihn sich einzugestehen. Das verlangt die Demut, den Mut, herabzusteigen von seinem hohen Idealbild, sich hinabzuneigen in den Schmutz der eigenen Realität. Das lateinische Wort für Demut, *humilitas*, meint, dass wir unsere eigene Erdhaftigkeit, den *humus* in uns, annehmen. Dann werden wir auch mit beiden Füßen auf der Erde stehen.

Schritt 4: Versöhnung mit dem eigenen Leib
Zur Aussöhnung mit sich selbst gehört auch die Aussöhnung mit dem eigenen Leib. Das ist gar nicht so einfach. Den Leib können wir nicht ändern. In Gesprächen erfahre ich immer wieder, wie viele an ihrem Leib leiden. Ihr Leib ist nicht so geworden, wie sie ihn gerne hätten. Er entspricht nicht dem Idealbild, das die gesellschaftliche Mode heute vom Mann oder von der Frau hat. Sie fühlen sich zu dick und genieren sich deshalb. Sie halten ihr Gesicht nicht für attraktiv. Sie fühlen sich in ihrem Körperbau benachteiligt. Frauen leiden darunter, wenn sie zu groß sind, Männer, wenn sie zu klein sind.

Nur wenn ich meinen Leib liebe, so wie er ist, wird er auch schön. Denn Schönheit ist ja relativ. Auch eine leblose Puppe kann schön sein, doch sie ist ausdruckslos und kalt. Schönheit heißt, dass Gottes Herrlichkeit mich durchstrahlt. Das wird sie aber nur, wenn ich meinen Leib annehme und Gott hinhalte. Nur so kann er durchlässig werden für Gottes Liebe und Schönheit. Schön kommt von schauen. Nach Platon sind wir schön, wenn wir uns liebevoll anschauen. Hässlich werden wir nur, wenn wir uns selbst hassen.

Versöhnung mit sich selbst

Ich gebe manchen, die an ihrer Lebensgeschichte, an ihrem Schatten oder an ihrem Leib leiden, bewusst als Übung auf, sie sollten sich vor die Ikone setzen und im Blick auf Jesus Christus sagen: „Es ist alles gut. Es darf alles so sein, wie es ist. Es hat alles seinen Sinn. Ich danke Dir, dass ich so geworden bin, wie ich jetzt bin. Ich danke Dir für meine Geschichte, für die Höhen und Tiefen, für die Irrwege und Umwege. Du hast mich geleitet. Ich danke Dir für meinen Leib. Er ist einmalig. Ich fühle mich in ihm zuhause. Er ist Tempel des Heiligen Geistes, Ort Deiner Herrlichkeit." Das ist oft gar nicht so einfach. Wenn ich gerade meiner Not begegnet bin, widerstrebt es mir, dafür auch noch zu danken. Und wenn ich gegen meinen Leib rebelliere, fällt es mir nicht so leicht, ihn liebzugewinnen. Aber ob ich meinen Leib lieben kann oder nicht, hängt nicht nur von seiner Beschaffenheit ab, sondern von meiner eigenen Sichtweise. Jeder Leib ist schön, wenn ich ihn vorurteilslos und liebevoll anschaue, wenn ich ihn als Kunstwerk Gottes betrachte.

Sich aussöhnen mit dem Leib bedeutet auch, liebevoll umzugehen mit den Stellen, die mir Schmerzen bereiten, mit meinen verspannten Schultern, mit meinen Rückenschmerzen, mit meiner Hüfte, mit meinen Knien oder mit meinen Füßen, die mir wehtun. Ein Weg, mich auszusöhnen mit meinen schmerzenden Stellen, besteht in der Vorstellung: Meine verspannten Schultern, meine Rückenschmerzen zeigen, dass ich die Last anderer Menschen auf mich genommen habe und ihnen damit ihre Last abgenommen habe. Meine schmerzenden Knie oder Füße zeigen, dass ich viele Wege zu anderen Menschen gegangen bin. Und ich vertraue, dass ich durch das Zugehen auf andere ihnen Segen gebracht habe.

Dimensionen der Versöhnung

Frau Wu, meine Verlegerin in Taiwan, erzählte mir von einer Frau, die sie bei einem ihrer Kurse in Taiwan erlebte. Sie hatte kaum mehr eine Stimme. Ihr Mann sagte ihr, sie solle nicht mehr unter die Leute gehen, weil man ihre raue und schwache Stimme nicht verstehe und weil sie für andere unangenehm wäre. Doch beim Kurs mit Frau Wu erkannte sie: Ich habe als Lehrerin meine Stimme den Schülern und Schülerinnen gegeben. Und sie erheben jetzt ihre Stimme in der Gesellschaft. In ihrer Stimme ist auch meine Stimme gegenwärtig.

Der Leib ist der Gedächtnisspeicher meines Lebens. Alles, was ich erlebt habe, verdichtet sich in meinem Leib. Daher ist die Aussöhnung mit dem Leib auch die Aussöhnung mit meiner Lebensgeschichte, die Spuren hinterlassen in meinem Leib. Diese Spuren kann ich so deuten, dass ich etwas in die Welt hineingegeben habe. Alles, was ich andern gegeben habe, spiegelt sich in meinem Leib wider. Anstatt mich zu ärgern, dass mein Leib – vor allem im Alter – Verschleißspuren zeigt und nicht mehr alles so kann, wie ich gerne möchte, dass er mir an manchen Stellen Schmerzen bereitet, schaue ich dankbar auf meinen Leib. Denn in meinem Leib habe ich mich für andere Menschen eingesetzt, mich ihnen in Liebe hingegeben. Mit dieser Einstellung gehe ich liebevoll mit meinem Leib um. Ich erfülle dann das schöne Wort der heiligen Teresa von Ávila, dass wir so mit dem Leib umgehen sollen, dass die Seele gerne darin wohnt.

Schritt 5: Versöhnung mit der eigenen Schuld
Noch schwerer ist es, dass wir uns mit unserer eigenen Schuld versöhnen und sie uns vergeben. Wir können uns nur selbst vergeben, wenn wir mit ganzem Herzen dar-

an glauben, dass Gott uns vergeben hat und wir von Gott bedingungslos angenommen sind. Viele nehmen die Vergebung Gottes nicht ernst. Sie sagen zwar, dass sie an die Vergebung durch Gott glauben. Sie sind zur Beichte gegangen und haben ihre Schuld bekannt. Aber im Innersten des Herzens haben sie sich ihr Versagen nicht verziehen. Sie werfen sich immer noch vor, dass sie damals diese Schuld auf sich geladen haben. Ich erlebe gerade bei älteren Männern, die im Krieg waren, dass sie sich selbst verurteilen und verdammen. Sie erinnern sich, in welche Gräueltaten sie verstrickt waren. Jahrelang haben sie das verdrängt. Nun taucht es wieder auf. Und sie können sich nicht mehr verzeihen. Sie können nicht daran glauben, dass Gott ihnen wirklich vergeben hat. So zerfleischen sie sich mit Schuldvorwürfen. Sie haben in sich einen unbarmherzigen Richter, der sie erbarmungslos verurteilt.

Gott ist viel gnädiger mit uns, als wir es uns gegenüber sind. „Denn wenn das Herz uns auch verurteilt – Gott ist größer als unser Herz und er weiß alles." (1 Joh 3,20) An die Vergebung Gottes zu glauben, heißt, Gott an die Stelle unseres unbarmherzigen Über-Ichs zu setzen, zu vertrauen, dass Gott alles in uns annimmt, dass er das, was wir uns immer noch vorwerfen, längst weggeworfen, abgewischt, verwandelt hat. Der Glaube an die Vergebung durch Gott soll unsern Blick von unserer eigenen Schuld abziehen und ihn auf Gottes Barmherzigkeit lenken. Vor Gottes gütigen Augen können wir den Frieden mit uns selbst finden und Ja sagen zu uns, die wir ganz und gar von Gott bejaht sind.

Die Vergebung sich selbst gegenüber ist manchmal noch schwerer, als dem andern zu vergeben. Im Gespräch höre ich öfter, dass man sich selbst nicht vergeben kann. Es sind oft gar keine dramatischen Dinge, die man sich nicht vergeben kann. Eine Frau kann sich nicht vergeben, weil sie nicht beim Tod ihrer Mutter dabei war, obwohl sie das immer wollte. Ein Mann kann sich nicht vergeben, dass er in der Firma an einem Fehler schuld war, der der Firma Schaden zufügte. Eine Unternehmerin kann sich nicht vergeben, weil sie ihrem Geschäftsführer etwas von ihren Schwächen erzählt hat, der das dann überall weitererzählt hat. Wenn ich frage, warum man sich nicht vergeben kann, dann erkenne ich oft: Ich kann mir nicht vergeben, weil mein Verhalten nicht meinem eigenen Idealbild von mir entspricht. Wir tun uns schwer, uns von diesem Idealbild zu verabschieden. Es ist nicht das Bild, das Gott sich von uns gemacht hat, sondern das Bild, das wir uns selbst übergestülpt haben, das wir gerne sein möchten, aber nicht sind.

Sich selbst zu vergeben ist die Voraussetzung dafür, dass wir bewusst und achtsam im Augenblick leben können, ohne die Trübungen der vergangenen Schuld, die wir uns insgeheim immer noch vorwerfen. Beim Propheten Jesaja spricht Gott uns zu: „Sind euere Sünden auch wie Scharlach, sie sollen weiß werden wie Schnee; sind sie auch rot wie Purpur, sie sollen weiß werden wie Wolle." (Jes 1,18) Wenn Gott uns vergibt, dann verliert unsere Schuld ihre Kraft, dann kann sie uns nicht mehr trüben, dann sieht man sie unserer Haut nicht mehr an. Sie wird vielmehr weiß wie Schnee, wie neugeboren. Wir können wieder ganz neu anfangen. Das Alte belastet uns nicht mehr. Aber wir müssen auch an die Kraft der vergebenden Liebe Gottes glauben, indem wir uns selbst vergeben und uns so befreien von der destruktiven Macht unserer Schuld.

Versöhnung mit sich selbst

Wege zur Selbstliebe

In den fünf Schritten, wie Versöhnung mit sich geschehen kann, ging es immer um das Annehmen. Sich selbst anzunehmen ist eine Art der Selbstliebe. Aber die Frage ist, wie diese Selbstliebe gehen kann. Ich kann einen, der ständig an sich herumkritisiert und sich selber ablehnt, nicht auffordern, er solle sich selbst lieben. Das wird ihm nicht gelingen.

Ein Weg zur Selbstliebe geht über das Abschiednehmen von den Illusionen, die ich mir von mir selbst gemacht habe. Viele können sich selbst nicht lieben, weil die Bilder, die sie von sich haben, nicht übereinstimmen mit ihrer Realität. Daher gilt es zu betrauern, dass ich nicht so ideal bin, wie ich mir vorstelle. Dann kann ich dankbar auf mich schauen und versuchen, mich so zu lieben, wie ich bin, mit meiner eigenen Lebensgeschichte, mit meinem Leib und mit meinem Charakter.

Ein anderer Weg zur Selbstliebe geht über die Erkenntnis, dass auf dem Grund meiner Seele eine Quelle der Liebe sprudelt. Es ist die Quelle der göttlichen Liebe. Es geht nun darum, diese göttliche Liebe in meinen Leib, in meine Lebensgeschichte, in meinen Schatten hineinströmen zu lassen. Wenn ich spüre, dass meine ganze Wirklichkeit von Gottes Liebe durchdrungen wird, dann kann ich diese Bewegung der göttlichen Liebe mitvollziehen und versuchen, mich selber zärtlich zu lieben.

Diese Selbstliebe im Horizont der Liebe Gottes kann ich einüben, indem ich mir vorstelle: Im Einatmen strömt Gottes Liebe in mich ein. Beim Herzensgebet spreche ich beim Einatmen die Worte: „Jesus Christus", und stelle mir vor, wie ich die Liebe Jesu in mein Herz strömen lasse.

Beim Ausatmen lässt man dann diese Liebe in den ganzen Leib hineinströmen, vor allem in die Bereiche meines Leibes und meiner Seele, die ich nicht so gut annehmen kann. Dann spürt man sich nach einiger Zeit ganz und gar von Jesu zärtlicher Liebe durchdrungen. Das ermöglicht es mir, mich selbst zu lieben, weil ich ja schon von Jesu Liebe erfüllt bin.

Ein anderer Weg zur Selbstliebe geht über die Entscheidung: Ich entscheide mich dafür, mich selbst zu lieben. Das verlangt zugleich ein Abschiednehmen von meinen eigenen Idealbildern und von den Illusionen, die ich mir von mir und meinem Leben gemacht habe. Selbstliebe hat also immer auch mit Demut zu tun, mit der Bereitschaft, herabzusteigen von dem Thron meines überhöhten Selbstbildes und hinabzusteigen in meine eigenen Schattenbereiche und dort die Liebe Gottes zu entdecken. Ich steige nicht mit Widerwillen in den eigenen Schatten hinein, sondern mit Liebe.

Die Basis für die Versöhnung mit anderen

All die Schritte der Versöhnung mit sich selbst, die wir betrachtet haben, sind die Basis für die Versöhnung mit anderen. Denn wenn ich in meine Schattenbereiche mit Liebe hinabgestiegen bin, werde ich auch die Schattenseiten des andern nicht verurteilen, sondern sie liebevoll anschauen. Wenn ich mich selbst mit allen Schattenseiten angenommen habe, werde ich auch fähig, den andern mit seinen dunklen Seiten anzunehmen. Und diese Annahme ist die Bedingung dafür, dass ich mich mit ihm versöhnen kann. Das Gleiche gilt für die Aussöhnung mit der eigenen Schuld und den angemessenen Umgang mit Schuldgefühlen. Wenn ich meine Schuld verdränge, werde ich sie auf andere projizieren und die andern ablehnen. Nur wenn ich mich meiner eigenen Schuld stelle und mich mit meiner Schuld von Gott angenommen fühle, werde ich die andern nicht bewerten und ablehnen, sondern offen sein, mich auch mit Menschen zu versöhnen, die auch schuldig geworden sind. Ich werde sie nicht verurteilen, sondern versuchen, sie zu verstehen. Und das Verstehen ist die Voraussetzung, dass ich zu ihnen stehen kann, anstatt sie abzulehnen.

Dimensionen der Versöhnung

Versöhnung mit anderen

Versöhnung in der Familie

Ein Bereich, in dem Versöhnung immer wieder gefordert wird, damit das Miteinander gelingt, ist die Familie. Das betrifft zum einen die Versöhnung zwischen den Ehepartnern, aber auch die Versöhnung zwischen Eltern und Kindern sowie zwischen Geschwistern. Und es betrifft die Versöhnung am Sterbebett.

In der Ehe
Zwischen Ehepartnern gibt es immer wieder Missverständnisse, Konflikte, Streit und manchmal sogar tiefe Zerwürfnisse. Versöhnung ist auch hier nur möglich, wenn zuvor Vergebung geschieht. Aber das ist nicht einfach, wenn der Partner mich tief verletzt hat. Es ist wichtig, die Verletzung nicht zu übergehen. Denn dann werde ich dem Partner/der Partnerin immer mehr entfremdet. Wir verschließen uns voreinander und das Gespräch betrifft nur noch oberflächliche Dinge. Oft machen wir uns gegenseitig die Verletzungen zum Vorwurf. Wir bewerten den andern, dass er gemein ist. Dann rufen wir im andern eine Gegenreaktion hervor. Er verletzt dann uns. Oder er rechtfertigt sich. Er fühlt sich angegriffen und möchte sich verteidigen. Doch dann ist kein wirkliches Gespräch mehr möglich.

Bei Konflikten zwischen Ehepartnern braucht es eine andere Weise des Gesprächs. Ich sage meinem Partner, wo ich mich verletzt fühle und welches Wort oder Verhalten mich verletzt hat. Ich mache ihm keinen Vorwurf. Er weiß

Versöhnung mit anderen

ja oft gar nicht, dass er mich mit seinem Verhalten verletzt hat. Indem ich ihn darüber informiere, lasse ich ihm die Freiheit, zu reagieren. Er kann dann darüber nachdenken. Und wir können uns überlegen, wie wir achtsamer im Gespräch sein könnten. Im Gespräch können wir den Vorfall analysieren: Welche Worte verletzen mich oder den andern? Auf welche empfindlichen Stellen bei mir stoße ich, wenn ich mich verletzt fühle? Und was ist die Ursache in mir selbst, wenn ich den andern verletze? Welche Muster aus meiner Kindheit beherrschen mich im Augenblick des Verletzens? Übernehme ich dabei ein Muster, das ich von meinen Eltern kenne?

Ein Mann erzählte mir, dass er das Muster des Vorwurfs und der Verurteilung von seinen Eltern unbewusst übernimmt, wenn er mit seinen Mitarbeitern spricht. Er versucht, dagegen zu arbeiten. Aber er ertappt sich immer wieder dabei, wie er in das gleiche Muster verfällt. Sowohl in unserem verletzenden Verhalten als auch in unserem Verletztwerden können wir unsere eigene Lebensgeschichte und die Lebensgeschichte des Partners oder der Partnerin erkennen und liebevoll anschauen. Wenn wir den Konflikt in so einem achtsamen Gespräch klären, braucht es keine Versöhnung. Im Gespräch entsteht schon ein neues Miteinander.

Auch in der Partnerschaft trifft oft der Grundsatz der stoischen Philosophie zu: „Nicht die Menschen verletzen dich, sondern die Dogmata, die Vorstellungen, die du dir vom Menschen machst." Es ist nicht der andere, der uns verletzt, sondern die Vorstellungen, die wir vom andern haben, die er nicht erfüllt. Oft fühlen sich Frauen verletzt, wenn Männer nicht über ihre Gefühle sprechen oder wenn sie nicht wahrnehmen, dass es ihnen gerade nicht so gut geht, dass sie gestresst sind von der Kindererziehung oder Pflege der gebrechlichen Angehörigen. Der Mann will sie nicht verletzen. Aber weil er ihre Vorstellungen nicht erfüllt, dass er doch ihre Überforderung wahrnehmen sollte, fühlen sie sich verletzt. Umgekehrt fühlt sich der Mann von seiner Frau verletzt, wenn sie, sobald er von der Arbeit heimkommt, ihn mit Aufträgen überschüttet. Er denkt, sie müsste doch merken, dass er von der Arbeit müde ist, und ihn in Ruhe lassen. Da wäre es dann die Aufgabe, sich von den Vorstellungen zu verabschieden, die ich vom andern habe, aber auch von denen, die ich von mir selbst habe. Der Abschied von den Vorstellungen kann uns dann zu einer tieferen Beziehung führen, in der einer den andern so annimmt und liebt, wie er ist.

Schwieriger wird die Versöhnung, wenn der Partner oder die Partnerin mich betrügt, wenn er oder sie heimlich eine Beziehung zu einer anderen Frau oder einem anderen Mann eingeht. Im Volksmund nennt man das „Fremdgehen". Wenn die Frau auf dem Handy ihres Mannes Liebesbotschaften einer anderen Frau entdeckt und die heimlichen Termine, die sie miteinander ausgemacht haben, dann ist zunächst ihr Vertrauen in den Mann völlig zerstört. Nach diesem Vertrauensbruch kann sie nicht gleich vergeben. Erst ist eine ehrliche Konfrontation mit dem Fremdgehen notwendig. Aber auch bei dieser Konfrontation hilft es nicht weiter, den andern nur zu beschuldigen und zu beschimpfen, sondern erst einmal zu fragen: Wie ist diese Beziehung? Warum brauchst du sie? Wie ist es dazu gekommen? Was vermisst du in unserer Beziehung? Liebst du mich noch? Und es ist wichtig, die eigene tiefe Verletzung zu zeigen.

Ob Versöhnung nach so einem Vertrauensbruch möglich ist, hängt davon ab, wie der Partner reagiert. Wenn

Versöhnung mit anderen

er alles abstreitet oder die fremde Beziehung verharmlost, ist es schwierig, sich mit ihm zu versöhnen. Wenn er aber ehrlich darüber spricht, dann können die Partner offen die Situation anschauen und sich fragen: Was haben wir in unserer Partnerschaft vernachlässigt? Was wünschst du dir von mir? Wofür steht diese fremde Beziehung? Was ist die Herausforderung an uns? Ich brauche von meinem Partner die klare Botschaft, dass er sich für mich entscheidet und die fremde Beziehung beenden will.

Versöhnung braucht einen neuen Anfang in der Beziehung. In Gesprächen erlebe ich immer wieder, dass die Frau ihrem Mann verziehen und sich mit ihm versöhnt hat, aber in ihr bleibt immer noch Misstrauen: Kann ich meinem Mann wirklich vertrauen? Der Mann hat die Aufgabe, das Vertrauen der Frau zu stärken. Und die Frau steht vor der Aufgabe, die eigene Lebensgeschichte anzuschauen. Wie ging es mir in meiner Geschichte mit Vertrauen und Vertrauensbruch? Habe ich in meiner Kindheit ein starkes Selbstvertrauen gelernt und auch Vertrauen in die Menschen? Oder bin ich grundsätzlich misstrauisch? Die Versöhnung ist nicht einfach ein Willensakt, sondern sie verlangt eine ehrliche Auseinandersetzung mit sich selbst und mit der eigenen Fähigkeit oder Unfähigkeit zu Vergebung und Versöhnung.

In Gesprächen höre ich immer wieder, wie selbst erwachsene Kinder darunter leiden, wenn ihre Eltern völlig zerstritten sind. Manchmal haben dann die Kinder Schuldgefühle. Sie fühlen sich verantwortlich, dass die Eltern sich verstehen. Aber es gelingt ihnen nicht, die Eltern miteinander zu versöhnen. Manchmal meinen sie auch, sie selber seien schuld, dass die Eltern sich nicht verstehen, vor allem dann, wenn sie über verschiedene Erziehungsstile streiten. Doch auch erwachsene Kinder sind nicht verantwortlich für den Streit der Eltern. Ihre Aufgabe ist es, sich zu schützen vor der Zerrissenheit der Eltern, damit sie trotz des elterlichen Streites mit sich und ihrem Leben Versöhnung finden. Ein Mann erzählte mir: Immer wenn er die Eltern besucht, versucht sowohl der Vater als auch die Mutter ihn dazu zu missbrauchen, ihren Streit zu schlichten. Manchmal möchten die Eltern ihn dann jeweils auf ihre Seite ziehen, damit er ihnen im Streit recht gibt. Obwohl der Mann spürt, dass er die Eltern nicht versöhnen kann, fühlt er sich doch schuldig dafür, dass seine Eltern keinen Weg zueinanderfinden und unfähig sind, sich miteinander zu versöhnen.

Zwischen Geschwistern
Versöhnung ist auch zwischen Geschwistern wichtig. Da gibt es Geschwister, die sich in ihrer Kindheit gut verstanden haben. Aber dann war der Bruder oder die Schwester auf einmal erfolgreicher. Und er oder sie hat mich von oben herab behandelt, mich gedemütigt. Das konnte ich nicht ertragen. Ich habe mich zurückgezogen und den Kontakt innerlich abgebrochen, auch wenn ich immer noch mit meinen Geschwistern geredet habe. Eine Frau erzählte, dass ihr älterer Bruder sie immer wieder verletzt hat. Er war neidisch, dass sie mit dem Vater gut auskam. Das hat ihr der Bruder verübelt und sie deshalb ständig kritisiert und sie als Frau entwertet.

Schlimmer wird das Zerwürfnis zwischen den Geschwistern oft bei der Erbschaft. Da erfährt die Frau, dass ihre Schwester die Mutter beim Schreiben des Testamentes einseitig beeinflusst hat. Oder der Bruder hat den Vater dazu gedrängt, die Tochter zu enterben, obwohl sie ihn viel mehr gepflegt hat als der Bruder. Oft wird dieses Zerwürfnis erst bei der Eröffnung des Testamentes vor dem Amtsgericht sichtbar. Man kann das Unrecht nicht einfach übergehen. Ich muss es beim Namen nennen. Aber dann ist die Frage, wie ich damit umgehe, ob ich mein Leben lang einen tiefen Groll gegen meinen Bruder oder meine Schwester hege oder ob Versöhnung möglich ist. Die Versöhnung hängt natürlich von beiden ab. Manchmal bin ich noch nicht fähig, dem Bruder, der mich so hintergangen hat, zu vergeben. Oft ist es aber auch der Bruder, der sich nur rechtfertigt und von sich aus den Kontakt mit mir abbricht. Er muss sich so vehement rechtfertigen, weil er sein schlechtes Gewissen verdrängen möchte. Hier braucht es Zeit und ehrliche Gespräche, bis Vergeben und Versöhnen möglich werden. Dabei ist es wichtig, alle seine Gefühle ehrlich anzuschauen und auch zum Ausdruck zu bringen. Nur dann kann etwas geklärt werden.

Oft treten die Zerwürfnisse zwischen den Geschwistern beim Tod der Eltern offen zu Tage. Dabei geht es nicht nur um die Frage der Erbschaft, sondern auch um die Frage, wie die Beerdigung gestaltet werden soll, wie man mit dem elterlichen Haus verfahren soll. Bei diesen Zerwürfnissen sind oft alte Verletzungen die Ursache. Da spürt auf einmal der eine Sohn, dass sein Bruder der Lieblingssohn war oder dass die Schwester die beste Beziehung zur Mutter hatte. Alle Gespräche über die Gestaltung der Beerdigung und die Regelung der Erbschaft werden vom Verhältnis der Geschwister zu den Eltern und von den alten Rivalitäten und Verletzungen geprägt. Dann ist es die Aufgabe der Geschwister, sich mit der eigenen Rolle in der Familie zu versöhnen und den andern ihre Rolle zuzugestehen.

Dimensionen der Versöhnung

Während ich das Vergeben als einen Akt der Selbstbefreiung alleine für mich vollziehen kann, brauche ich zur Versöhnung immer den andern. Auch wenn ich bereit bin, mich mit dem Bruder zu versöhnen, der sich beim Erben ungerecht behandelt fühlt, kann es sein, dass er jedes Gespräch und jede Versöhnung ablehnt. Dann ist die Versöhnung mit ihm nicht möglich. Denn ich darf mich selbst nicht völlig aufgeben, nur damit der Bruder zufrieden ist. Denn diese Sturheit kann er auch als Muster einsetzen, um seinen Willen durchzusetzen gegen alle anderen Geschwister. Das schafft aber keine Versöhnung. Wenn er nicht bereit ist zur Versöhnung, dann soll ich für mich selbst versuchen, ausgesöhnt zu sein mit dieser Situation. Ich muss betrauern, dass es so ist, dass der Bruder die Harmonie der Familie zerstört. Bei diesem Betrauern spüre ich den Schmerz, dass die Familie keine Einheit mehr ist, sondern auseinanderfällt. Den Schmerz soll ich zulassen. Aber ich darf dem unversöhnten Bruder nicht so viel Macht geben, dass er unsere gemeinsamen Familienfeiern beherrscht, indem wir nur über ihn reden. Betrauern bedeutet zugleich, dass wir uns ganz auf unser Miteinander einlassen, dass wir unsere Familiengemeinschaft genießen und sie nicht von dem verbohrten Bruder beeinträchtigen lassen.

Unsere erste Reaktion auf die Verletzung durch ein Familienmitglied ist oft nicht die Versöhnung, sondern eher die Rache. Der andere hat uns verletzt. Also verletze ich ihn auch. Dann bleibe ich nicht allein mit meinem Gefühl des Verletztseins. Ich habe den andern verletzt. Der fühlt sich jetzt auch nicht gut. Doch die Verletzung dem andern heimzuzahlen, indem ich ihn ebenfalls kränke, gibt nur am Anfang eine kurze Befriedigung. Auf Dauer hilft dieser Mechanismus nicht. Denn dann führt er in einen Teufelskreis des Verletztwerdens und des Verletzens. Wenn keiner aus diesem Teufelskreis aussteigt, wird das Miteinander unerträglich. Manche verrennen sich in ihren Rachegefühlen. Sie suchen immer nach neuen Wegen, Rache zu üben. Doch oft genug verletzen sie sich dann selbst. Sie werden beherrscht von ihrer Rache und kommen doch nicht an ein Ziel damit.

Ich habe in einer Familie erlebt, dass die Rachegefühle eines Bruders gegenüber den Geschwistern dazu geführt haben, dass das gesamte Erbe durch Rechtsstreitigkeiten aufgezehrt wurde. Am Ende hat keiner etwas geerbt. Der Bruder hat sich also letztlich selbst geschadet. Aber die Rache war ihm wichtiger als das Geld, das ihm dadurch verloren ging. Zur Demut gehört es, sich einzugestehen, dass ich in mir solche Rachetendenzen spüre, wenn ich verletzt werde. Ich soll mich darüber nicht wundern. Aber es ist meine Verantwortung, diesen Rachegelüsten keinen Raum zu gewähren. Ich schaue sie an, lasse sie dann aber weiterziehen und entscheide mich, mich innerlich mit meiner Verletzung auszusöhnen. Sie tut weh. Aber sie bricht mich auch auf für mein wahres Selbst.

Gott macht Kain keinen Vorwurf, dass er Rachegefühle gegenüber seinem Bruder Abel hat. Er hat offensichtlich Verständnis dafür. Aber er fordert ihn auf, seine Gefühle genauer anzuschauen und sie zu beherrschen. Gott fragt den Kain: „Warum bist du zornig und senkst deinen Blick? Wenn du recht handelst, erhebst du dann nicht das Haupt? Wenn du aber nicht recht handelst, steht dann nicht die Sünde an der Tür, ein lauerndes Tier, das nach dir verlangt und das du beherrschen sollst?" (Gen 4,6f.) Offensichtlich erlebte Kain seinen Bruder Abel als bevorzugt von seinen

Eltern. Sie haben ihm die leichtere Arbeit zugewiesen, das Hüten der Schafe, während Kain den verfluchten Erdboden mit großer Anstrengung bearbeiten musste. Gott spricht von einem lauernden Tier, einem Dämon, der im Rachegefühl über Kain herrschen möchte. Doch die Aufgabe des Kain besteht darin, diesem Dämon keine Macht zu geben. Wie die Geschichte zeigt, hat Kain den Rat Gottes nicht befolgt und seinen Bruder Abel umgebracht. Doch seine Rache hat ihm nichts eingebracht. Im Gegenteil, er musste vor sich und den Menschen fliehen. Die Schuldgefühle ließen ihm keine Ruhe.

Zwischen Kindern und Eltern
Der dritte Bereich, in dem Versöhnung in der Familie gefragt ist, ist die Beziehung der Kinder zu ihren Eltern. Viele haben mir erzählt, dass sie eine schwierige Beziehung zum Vater oder zur Mutter hatten. Da waren in der Kindheit und vor allem zu Beginn des Erwachsenseins viele Verletzungen. Der Sohn ist vom Vater ständig entwertet worden. Die Tochter ist von der Mutter abgewiesen worden, weil die mit sich selbst beschäftigt war. Die Aufgabe der Kinder besteht darin, sich auszusöhnen mit ihrer Geschichte und die Verantwortung für ihre Vergangenheit zu übernehmen. Es ist ihre Aufgabe zu sagen: „Das ist meine Geschichte. Es ist meine Verantwortung, was ich daraus mache. Es ist daher meine Aufgabe, den Eltern zu vergeben." Doch die Vergebung ist ein langer Prozess, bei dem ich erst durch meine Wut und Hassgefühle hindurchmuss, um dann die Liebe zu spüren, die ich doch zu den Eltern hatte. Oder zumindest spüre ich meine Sehnsucht nach der Liebe der Eltern. Wenn es mir gelingt, den Eltern zu vergeben, dann werde ich frei von den Erwartungen ihnen

gegenüber. Die andere Frage ist, ob Versöhnung möglich ist oder ob die Eltern in ihrem verletzenden und entwertenden Verhalten mir gegenüber verharren. Dann muss ich mich schützen vor ihren Kränkungen und sie bei ihnen lassen. Ich darf mich nicht vergiften lassen von dem Gift, das sich manchmal in den Eltern angesammelt hat.

Oft geschieht Versöhnung, wenn der Sohn oder die Tochter den kranken Vater oder die kranke Mutter pflegt oder wenn sie sie im Alter begleiten. Auf einmal löst sich die Ablehnung auf und man spürt den Vater und die Mutter, wie sie selbst an sich leiden, wie sie selbst auf einmal milder und offener werden, wie sie sich bei den Kindern entschuldigen können für das, was nicht gut war. Aber auch die Eltern müssen sich mit ihren Kindern versöhnen.

Eine Sterbebegleiterin erzählte mir, dass manche alten Menschen nicht sterben können, weil da noch ein Konflikt mit der Tochter oder dem Sohn ungeklärt ist. Sie warten, bis die Kinder kommen. Das Kommen der Kinder signalisiert ihre Versöhnungsbereitschaft. Der sterbende Vater oder die sterbende Mutter kann dann auf einmal Gefühle der Liebe und Zuneigung zeigen, die die Kinder während des Lebens nicht wahrgenommen haben. Dann kann der Vater/die Mutter in Frieden gehen.

Auch wenn die Eltern gestorben sind, geht der Prozess der Versöhnung weiter. Ein Lehrer sagte mir: Es ist schwer, den lebenden Eltern zu vergeben. Aber noch schwerer ist es, den verstorbenen Eltern zu vergeben und sich mit ihnen zu versöhnen. Viele therapeutische Prozesse kreisen um die Aussöhnung mit den verstorbenen Eltern. Auch dabei geht es darum, die Gefühle von Kränkung, aber auch von Wut und Bitterkeit auszudrücken. Nur wenn wir diese Gefühle zum Ausdruck bringen, kann sich der Hass auf Verstorbene auf einmal in Liebe verwandeln. Der Psychotherapeut Albert Görres schreibt über diese Verwandlung der Gefühle, wenn wir sie in einer therapeutischen oder seelsorglichen Begleitung zum Ausdruck bringen: „Wenn in einer Psychotherapie Vaterhass oder Geschwisterneid durchgearbeitet werden, dann kann daraus durchaus ein sittlicher Fortschritt in Fairness, Gerechtigkeit, Nachsicht, im Erbarmen, im Urteil über andere Menschen, in Friedensbereitschaft die Folge sein."[11] Die Lateiner sagen: *De mortuis nihil nisi bene.* Das bedeutet: „Über die Verstorbenen soll man nur gut reden." Doch dieser Spruch entspringt nicht der Liebe zu den Verstorbenen, sondern eher der Angst, sie könnten sich sonst an uns rächen. Im therapeutischen Prozess oder auch im seelsorglichen Gespräch soll man alle Gefühle, auch die negativen wie Hass und Groll und Bitterkeit, zum Ausdruck bringen, in der Hoffnung, dass sie sich dann wandeln. Aber stecken bleiben darf man nicht in diesen bitteren Gefühlen. Sonst schadet man sich selbst.

Versöhnung unter Freunden

Wir alle sehnen uns nach Freundschaft. In der Freundschaft dürfen wir sein, wie wir sind, da brauchen wir keine Rolle zu spielen. Mit guten Freunden können wir über alles sprechen, da können wir auch über unsere Schwächen und Probleme sprechen. Schon der hl. Augustinus hat die Freundschaft gepriesen in dem berühmten Wort: *Sine amico nihil amicum.* „Ohne Freund kommt einem nichts freundlich vor in dieser Welt." Doch auch in der Freundschaft tauchen Konflikte auf und es gibt Verletzungen. Wenn der

Versöhnung mit anderen

Freund oder die Freundin Sie verletzt hat, wollen Sie mit dem andern nichts mehr zu tun haben. Doch damit schaden Sie sich oft selbst.

Eine Freundschaft braucht immer wieder Versöhnung. Dabei unterscheiden wir die Versöhnung in oder nach einem Konflikt und die Versöhnung nach einer Verletzung:

Bei der Versöhnung in oder nach einem Konflikt geht es darum, genau hinzuschauen, worin der Konflikt besteht. Ist es ein Interessenkonflikt oder ein Wahrnehmungskonflikt? Ein Interessenkonflikt entsteht, wenn der eine die gemeinsame Urlaubswoche in Italien, der andere aber in Frankreich verbringen möchte. Dann gilt es eine Lösung zu finden, entweder im ersten Jahr nach Italien und im zweiten Jahr nach Frankreich zu fahren. Oder aber die Lösung besteht darin, dass jeder allein an den Urlaubsort fährt, nach dem er sich sehnt. Entscheidend ist, dass der Konflikt nicht zur Spaltung führt. Ein Wahrnehmungskonflikt entsteht, wenn die eine Freundin das Gefühl hat, ihre Freundin rede immer nur über sich selbst, sie selber komme kaum zu Wort. Doch die Freundin merkt gar nicht, dass sie immer redet. Sie meint, es wäre ein ausgeglichenes Gespräch. Es geht dann nicht darum, der Freundin vorzuwerfen, dass sie das Gespräch immer alleine bestreitet, sondern das eigene Gefühl anzusprechen. Dann kann die Freundin erst erkennen, dass sie das Gespräch bestimmt. Und dann kann man einen Weg finden, der beiden guttut.

Bei der Versöhnung nach einer Verletzung gilt es zu unterscheiden: Verletzt mich der andere durch kränkende Worte oder fühle ich mich verletzt, weil er meine Erwartungen nicht erfüllt. Wie bereits erwähnt meint die stoische Philosophie, dass es häufig nicht der andere Mensch sei, der uns verletzt, sondern die Vorstellung, die wir vom andern haben, die der andere aber nicht erfüllt. Wenn z. B. die Freundin das Gefühl hat: „Immer muss ich anrufen. Von sich aus ruft die Freundin nie an", dann fühlt sie sich verletzt, weil die Freundin nicht von sich aus den Kontakt sucht. Sie hat die Erwartung, dass die Freundin von sich aus anruft. Auch da reagieren manche so verletzt, dass sie die Freundschaft aufkündigen. Hilfreicher wäre es, sich über die Vorstellungen und Erwartungen auszutauschen, sodass man einen Weg miteinander finden kann, wie man mit diesen Vorstellungen umgeht.

Eine andere Art der Verletzung ist die Verletzung mit Worten. Der andere nimmt wahr, dass ich mich kaum von mir aus melde. So ruft er mich an und schreit mich an, ich sei egoistisch, ich kreise nur um mich selbst, ich kümmere mich überhaupt nicht darum, wie es dem andern geht. Oft werden wir überrascht durch so einen Wutausbruch. Wir fühlen uns verletzt. Entweder rechtfertigen wir uns oder wir werfen dem andern vor, wie gemein er ist, wie sehr er mich verletzt hat. Doch dann schaukeln sich die gegenseitigen Verletzungen hoch. Versöhnung würde bedeuten, dass wir die verletzenden Worte anschauen, dass wir versuchen zu verstehen, warum der andere so reagiert. Vielleicht hat er zu lange sein Gefühl zurückgehalten. Vielleicht erinnert ihn mein Verhalten auch an Personen in seiner Lebensgeschichte, an den Bruder, der sich nicht um ihn kümmerte, oder an einen Freund in der Schulzeit, der sich ähnlich verhalten hat. Ein Weg zur Versöhnung geschieht in der Klärung dessen, was gerade geschehen ist.

Ein anderer Weg geht über die Vergebung. In jeder Freundschaft gibt es auch Verletzungen. Vergeben heißt, dass ich die Verletzung beim andern lasse, dass ich sie weggebe. Dann werde ich frei von der kränkenden Kraft der Verletzung. Und ich kann neu anfangen, versöhnt mit dem andern zu leben. Allerdings ist Vergebung meine eigene Aufgabe, zur Versöhnung aber braucht es immer auch den andern, die Bereitschaft des andern, wieder miteinander die Freundschaft zu leben.

Vergeben und Versöhnen ist nicht das Gleiche. Das zeigt schon die Sprache. Vergeben bedeutet: weggeben, beim andern lassen. Das lateinische Wort *dimittere* drückt es noch genauer aus: Vergeben heißt: „wegschicken, die Verletzung zum andern schicken und sie bei ihm lassen." Vergeben sagt aber noch nichts über die Beziehung aus zu dem, der mich verletzt hat. Versöhnen kommt dagegen von *versüenen* und bedeutet: „Frieden stiften, schlichten, still machen, beschwichtigen, küssen." Es meint also eine ganze Palette von Versuchen, einander näherzukommen. Das lateinische Wort *reconciliatio* bedeutet, wieder zur Gemeinschaft zurückführen, ein neues Miteinander schaffen. Das griechische Wort *katallage* bedeutet die Wiederherstellung eines friedlichen Miteinanders nach einem Konflikt. Es wird oft im politischen Bereich verwendet. Im persönlichen Bereich verwendet man es, wenn Freunde, die sich zerstritten haben, wieder zu einem friedlichen Miteinander bereit und fähig sind.

Die Vergebung muss so geschehen, dass sie uns nicht überfordert, sondern dass sie unserer Seele entspricht.

Für mich geschieht Vergebung in fünf Schritten:

Der erste Schritt: Ich lasse den Schmerz zu, der durch die Verletzung noch in mir ist.

Der zweite Schritt: In der Wut werfe ich den andern aus mir heraus und gewinne eine gesunde Distanz zum andern. Und ich verwandle die Wut in den Ehrgeiz, dass ich selber lebe, ohne mich vom andern bestimmen zu lassen.

Der dritte Schritt: Ich versuche zu verstehen, was abgelaufen ist. Wo hat der andere seine eigene Verletzung an mich weitergegeben? Oder wo hat er mich an meiner empfindlichen Stelle getroffen? Indem ich die Verletzung zu verstehen suche, kann ich zu ihr stehen und zu mir selber stehen. Ich mache mir dann keine Vorwürfe, wenn ich empfindlich reagiere.

Der vierte Schritt: die Vergebung. Ich befreie mich von der negativen Energie, die durch die Verletzung noch in mir ist. Vergebung ist also ein therapeutischer Akt der Selbstreinigung. Und ich befreie mich von der Bindung an den andern. Wenn ich nicht vergebe, bleibe ich an den andern gebunden. Das tut mir nicht gut. Vergeben heißt nicht immer, dass ich dem andern um den Hals falle, dass alles gut ist. Manchmal sagt mir meine Seele oder auch mein Leib, dass ich auch nach der Vergebung noch Abstand zum andern brauche. Aber entscheidend ist, dass ich die Verletzung beim andern lasse und nicht ständig auf mich beziehe.

Der fünfte Schritt: die Verwandlung der Wunden in Perlen. Die Wunde hat mich auch aufgebrochen. Sie hält mich lebendig. Und die Wunde kann dazu führen, dass ich meine eigenen Fähigkeiten entdecke.

Versöhnung mit anderen

Es gibt auch Freundschaften, in denen ich mich so verletzt fühle, dass ich mich von den vermeintlichen Freunden trennen muss. Vor allem, wenn ich das Gefühl habe, dass der Freund oder die Freundin immer recht haben will, dass sie nicht bereit ist, mich anzuhören und zu verstehen. Dann ist es besser, sich nicht nur äußerlich, sondern auch innerlich von den Freunden zu distanzieren. Allerdings sollte ich dann innerlich versöhnt mich von den Freunden trennen. Wenn ich dagegen in mir immer noch Groll empfinde, dann bin ich ja noch an die Freunde gebunden. Auch hier ist also Versöhnung wichtig, die Versöhnung mit der Geschichte meiner Freundschaft, die aber jetzt nicht mehr weitergeht. Versöhnung bedeutet, dass ich dankbar auf die Freundschaft zurückschaue und sie dann mit einem Gefühl des inneren Friedens loslassen kann.

Bevor ich den Freund in Frieden ziehen lassen kann, muss ich zuerst betrauern, dass diese Freundschaft auseinandergegangen ist. Zuerst kommt der Schmerz, dann erst der Frieden. Der Schmerz ist oft auch verbunden mit dem Gefühl des Versagens und mit Schuldgefühlen. Ich mache mir Vorwürfe: Hätte ich die Freundschaft besser pflegen können? Hätte ich mehr Verständnis für den Freund/die Freundin aufbringen sollen? War ich zu kleinkariert? Habe ich ihn durch mein Verhalten von mir weggetrieben? All diesen Fragen soll ich mich stellen. Aber dann gilt es zu betrauern, dass die Freundschaft nicht weitergeht. Im Betrauern höre ich auf, weiter nachzugrübeln, ob es anders hätte gehen können. Es ist jetzt so, wie es ist. Und das gilt es zu akzeptieren, ohne dass ich alle Schuld bei mir oder beim andern sehe. Ich urteile über niemanden. Ich versuche zu verstehen und mich mit der Situation auszusöhnen.

Trauernde Menschen erzählen mir oft, dass sich in der Trauer viele Freunde von ihnen abgewandt haben, weil sie nichts mit ihrer Trauer zu tun haben wollten. Auch Menschen, die auf einmal schwer krank geworden sind, erzählen von ähnlichen Erfahrungen. In solch belastenden Situationen zeigt sich, wer die wahren Freunde sind. Da bewahrheitet sich das Wort, das schon der römische Philosoph Cicero formuliert hat: *Amicus certus in re incerta cernitur.* „Einen sicheren und wahren Freund erkennt man in der Gefahr, in einer unsicheren Sache."

Ein Thema, das in Kursen immer wieder angesprochen wurde, ist das Zerbrechen der Freundschaft durch die unterschiedlichen Meinungen zum Impfen in der Coronakrise. Manche erzählen, dass der Freundeskreis durch die Verschwörungstheorien, die einige Freunde vertreten, auseinandergebrochen sei. Das fänden alle schade, aber alle Bemühungen, die Gräben zu überbrücken, seien bisher gescheitert. In der Diskussion über dieses Thema wurden verschiedene Erfahrungen berichtet. Da gibt es die Erfahrung eines christlichen Freundeskreises, der beschlossen hat, über dieses Thema nicht zu sprechen, sondern über das, was sie im Glauben miteinander verbindet. Der Glaube, der sie verbindet, ist wichtiger als das, was sie trennt. Daher haben sie vereinbart, dass sie sich über WhatsApp keine impfkritischen Nachrichten mehr schicken. Eine Frau erzählte, dass sie mit ihrer besten Freundin nicht über die Pandemie sprechen könne. Sie vermeide dieses Thema. Aber sie habe den Eindruck, das ausgesparte Thema beeinträchtige ihre Freundschaft. Etwas fehlt in dieser Freundschaft. Normalerweise kann man alles in der Freundschaft teilen. Wenn man einen Bereich ausklammern muss, hat man das Gefühl, die Freundschaft sei nur fragmentarisch.

Versöhnung mit anderen

In der Diskussion wurde immer wieder gefragt, wie man mit dieser Gefährdung der Freundschaft umgehen soll. Ein Weg bestünde darin, das Verbindende zu betonen. Was verbindet uns bisher in der Freundschaft? Was haben wir gemeinsam erlebt? Oder man könnte sich bei einer gemeinsamen Wanderung am gemeinsamen Erleben freuen. Wenn die befreundeten Familien zusammenkommen, kann man sich daran freuen, wie die Kinder miteinander spielen. Die Kinder kümmern sich nicht um Verschwörungstheorien und um die Impfdebatten der Eltern.

Ein anderer Weg führt über eine andere Art des Gespräches. Wir sprechen mit unseren Freunden nicht über die Argumente für und wider das Impfen. Denn dann ginge es nur darum, wer recht hat. Immer wenn wir um das Rechthaben ringen, gibt es nur Sieger und Verlierer. Wer die meisten Argumente anbringen kann, der redet den andern nieder. Aber der Verlierer wird sich nicht geschlagen geben, sondern nur noch mehr auf seiner Meinung beharren.

Angemessener wäre es stattdessen, über die Ängste zu sprechen, die jeder mit diesem Thema verbindet. Welche Ängste hat der, der eine Verschwörungstheorie vertritt? Warum braucht er diese Theorie? Wofür steht sie? Manchmal verstecken sich Menschen hinter einer Theorie, weil sie sich sonst nicht genügend gehört fühlen. Wenn sie jetzt die Verschwörungstheorie vertreten, kann man nicht an ihnen vorbeigehen. Sie denken, man müsse sie nun endlich ernst nehmen. Doch oft erreichen sie damit das Gegenteil. Ein anderer Grund könnte sein, dass man sich nicht mit der Unsicherheit des Lebens aussöhnen kann. Man meint: Die Pandemie dürfe nicht sein. Wenn sie ist, muss irgendjemand schuld daran sein. Und es gilt die Schuldigen zu bestrafen, damit die Pandemie aufhört.

Doch auch der Impfbefürworter hat Ängste. Er hat die Angst, dass die Pandemie sich immer mehr ausbreitet, dass sie ihn persönlich trifft. So möchte er sich schützen. Wenn ich mit meinen Freunden über die Ängste ins Gespräch komme, dann höre ich auf sie, ich frage nach, ohne sie zu bewerten und ohne sie von meiner Meinung überzeugen zu wollen. Dann bekommt das Gespräch einen anderen Geschmack. Es ist noch keine Garantie, dass wir uns wieder wie früher verstehen. Aber es wächst wieder der Respekt voreinander. Und wir hören einander zu. Und dann können wir uns trotz unserer verschiedenen Meinungen unserer Freundschaft vergewissern und sie weiter leben, ohne dass wir das Thema völlig ausklammern. Wir werden es nicht ständig zum Thema machen, sondern uns mehr und mehr auf das Verbindende einlassen. Aber das Thema spaltet uns nicht mehr. Wir können dann trotzdem versöhnt miteinander leben.

Versöhnung am Arbeitsplatz

Bei der Begleitung von Führungskräften in Firmen, Institutionen oder Vereinen erlebe ich immer wieder, dass es Spaltungen gibt. So gibt es zum Beispiel verschiedene Gruppierungen in der Firma, die gegeneinander kämpfen. Sie haben andere Interessen als die Firma insgesamt. Und es gibt Führungskräfte, die um sich herum Menschen sammeln, die auf ihrer Seite stehen und sie unterstützen. Sie suchen sich eine Hausmacht, um ihre Interessen durchsetzen zu können. Es gibt Chefs, die die Firma spalten, weil

Versöhnung mit anderen

sie in sich gespalten sind. Sie haben die Fähigkeit, um sich herum Fans und Bewunderer zu scharen. Doch bei anderen kommen sie gar nicht an. Sie nutzen dann die Faszination ihrer Bewunderer aus, um sie für die eigenen Zwecke zu missbrauchen. Oft merken die Menschen es gar nicht. Der Chef schmeichelt ihnen und bindet sie so an sich. Doch solche Gruppierungen um einen in sich gespaltenen Chef spalten auch die Firma. Ich kenne eine große Firma, die von zwei Schwestern geleitet wird, die sich spinnefeind sind. Jede Schwester versucht, bestimmte Leute auf ihre Seite zu ziehen. Doch die Spaltung tut letztlich der Firma nicht gut. Es wird durch die Rivalität und Feindschaft der beiden Führungskräfte viel Energie vergeudet.

Es ist nicht leicht, das Gegeneinander in einer Firma oder einem Verein aufzulösen und die verfeindeten Gruppen miteinander zu versöhnen. Manchmal sprechen die Gruppen gar nicht miteinander. Man tauscht sich nur innerhalb der eigenen Gruppe aus und baut ein Feindbild auf. Da baut die Produktionsabteilung ein Feindbild von der Vertriebsabteilung auf und umgekehrt. Oft genügt es nicht, sachlich über die verschiedenen Interessen zu sprechen und einen Kompromiss zwischen den Interessen zu finden. Denn das Unversöhntsein liegt oft tiefer. Es ist natürlich, dass immer eine gewisse Spannung entsteht zwischen der Verwaltung und dem Verkauf, zwischen der Produktion und dem Vertrieb. Diese Spannung kann durch Gespräche fruchtbar gemacht werden für beide Gruppen.

Wenn das Unversöhntsein tiefer geht, wenn persönliche Verletzungen oder Intrigen die Gruppierungen spalten, dann braucht es einen langen Versöhnungsprozess. Dafür bedarf es oft eines externen Trainers oder Mediators, der in den Gesprächen herausfindet, was die eigentlichen Probleme sind. Bei Familienunternehmungen sind es oft die Eltern, die die Kinder gegeneinander ausgespielt haben. Das zeigt sich dann in einem unversöhnlichen Miteinander der Geschäftsführer, die aus der Reihe der Geschwister kommen. Manchmal hat der eine Bruder das Gefühl, der andere sei passiv und engagiere sich nicht. Er fühlt sich ausgenutzt. Doch bei Gesprächen blockiert der Bruder. Es wird deutlich, dass er oft alte Familienprobleme in die Firmenpolitik hineinmischt. Die Blockade gegenüber dem Bruder begründet er mit sachlichen Argumenten. In Wirklichkeit fühlt er sich jedoch vom Vater nicht in der gleichen Weise geschätzt wie sein älterer oder jüngerer Bruder. Er rächt sich also gleichsam am Bruder, weil er vom Vater nicht das bekommen hat, was er sich gewünscht hat.

Manchmal geschieht in der Mediation die Versöhnung zu schnell. Doch wenn sie zu schnell erfolgt, ist sie nicht von Dauer. Man meint, man würde sich verstehen. Aber kurze Zeit später treten die alten Konflikte wieder auf, weil sie auf tieferen Erfahrungen der Feindseligkeit untereinander beruhen. Daher braucht es die Erinnerungsarbeit. Die zerstrittenen Brüder oder Schwestern, die zerstrittenen Geschäftsführer sollten sich dann daran erinnern, was zu der Spaltung oder Feindseligkeit geführt hat. Richard von Weizsäcker hat diese Erinnerungsarbeit vor allem für die Versöhnung in der Gesellschaft gefordert. Er meint: „Wer aber vor der Vergangenheit die Augen verschließt, wird blind für die Gegenwart." Und er zitiert die jüdische Weisheit: „Das Vergessenwollen verlängert das Exil, und das Geheimnis der Erlösung heißt Erinnerung."[12] Nur wenn die Vergangenheit der Geschwister oder die Vergangenheit der Firma angeschaut wird, kann man mit neuer

Klarheit in die Zukunft gehen. Wenn die Vergangenheit nicht aufgedeckt und erinnert wird, bleibt gleichsam ein Grauschleier über der Firma. Und keiner weiß eigentlich, worum es geht und warum sich die verschiedenen Gruppen oder Geschäftsführer nicht verstehen.

Oft geschieht die Spaltung in einer Firma, wenn diese von einem fremden Investor oder einer anderen Firma übernommen wird. Dann kann es passieren, dass die, die sich bisher für die Firma eingesetzt und ihre Wertekultur getragen haben, ausgebootet werden und die bevorzugt, die sich der neuen Führung anpassen. Der Zusammenhalt in der Firma geht verloren. Die engagierten Mitarbeiter laufen ins Leere mit ihrem Bemühen, die alte Firmenkultur und -identität zu bewahren. Die neuen Besitzer wollen alles ändern, ohne dass sie würdigen, was die Firma bisher geleistet hat. Verändern bedeutet immer auch ein Werturteil über das, was bisher war. Verwandlung würde anders aussehen.

Jede Firma muss sich von Zeit zu Zeit wandeln, weil die äußeren Umstände und das Umfeld der Firma sich geändert haben. Aber Verwandlung bedeutet nicht, dass die Firma eine vollkommen andere werden soll, sondern dass sie immer mehr hineinwächst in ihre eigentliche Gestalt, in ihre ursprüngliche Stärke. Doch nicht nur bei der Veränderung, auch bei der Verwandlung einer Firma entstehen Ängste und Widerstände. Wenn die neue Firmenleitung über diese Ängste und Widerstände hinweggeht und alle entlässt, die sich der neuen Philosophie widersetzen, dann wird die neue Firma sicher nicht besser. Versöhnung würde bedeuten, dass die neuen Firmeninhaber gut auf die Mitarbeiter hören, gerade auf die engagierten Mitarbeiter, dass sie ihre Ängste und Widerstände ernst nehmen. Es ist wichtig, dass sie nach den Gründen des Widerstands fragen. Denn der Widerstand der Mitarbeiter hat immer einen Sinn. Er sagt entweder, dass die neuen Geschäftsführer etwas übersehen haben oder dass sie die Firma nicht genug kennen. Oder aber er drückt aus, dass man zu schnell die Firma verändern möchte oder dass man die Mitarbeiter zu wenig gewürdigt hat. Natürlich gibt es auch Mitarbeiter, die nur blockieren, weil sie nicht bereit sind, sich der Verwandlung der Firma zu stellen, und weil sie am Alten festhalten wollen. Aber es ist immer hilfreich, gut auf die Widerstände zu hören und mit denen ins Gespräch zu kommen, die Widerstand leisten. Dann kann man einen gemeinsamen Weg in die Zukunft finden, den möglichst viele der alten Mitarbeiter mitgehen können.

Versöhnung unter Glaubensgeschwistern

In der Geschichte gab es jahrhundertelang viel Unversöhntheit zwischen den Konfessionen. Es brauchte lange, bis sich die verfeindeten Konfessionen einander angenähert haben. Heute erleben wir, dass es in den einzelnen Kirchen Spaltungen gibt. Oft geht es um dogmatische Streitigkeiten, um Rechthaberei. Wer vertritt den wahren Glauben? Was verfälscht den Glauben? Wo passen sich einzelne Gruppen zu sehr dem Zeitgeist an? Die Spaltungen, die durch verschiedene theologische oder spirituelle Strömungen entstehen, entspringen oft der Angst. Diese Christen haben das Wort Jesu vergessen, mit dem er den Jüngern antwortete, die sich über den fremden Wundertäter aufregten: „Hindert ihn nicht! Denn wer nicht gegen euch ist, der ist für euch." (Lk 9,50) Sie haben Angst, dass

Versöhnung mit anderen

einer, der das Evangelium etwas anders auslegt, als sie es gewohnt sind, vom rechten Glauben abgefallen ist. Es ist also die geistige Enge, die zu solchen Spaltungen führt.

Es erstaunt, dass gerade der Glaube zu so erbitterten Grabenkämpfen führt. Manche Christen halten sich am Buchstaben fest, anstatt dem Geist Jesu zu trauen. Oft sind es nebensächliche Themen, die dann in den Mittelpunkt rücken. Als ich vor methodistischen Theologen einen Vortrag hielt, erzählten sie mir, dass auch die methodistische Kirche in Gefahr ist, sich zu spalten, und zwar an der Einstellung zur Homosexualität. Man kann dazu sicher verschiedener Meinung sein. Aber wenn dieses Thema zur Spaltung führt, erkennt man, wie weit man sich vom Geist Jesu entfernt hat.

Die Tendenz, sich an solchen Randthemen aufzureiben und zu spalten, gibt es auch in der katholischen Kirche, etwa bei der Frage der Mundkommunion oder Handkommunion, bei der Frage nach dem gemeinsamen Abendmahl mit Angehörigen anderer Konfessionen oder bei der Frage, welchen Kanon der Priester in der Messe beten darf. Die Unversöhnlichkeit gibt es dabei nicht nur bei den Konservativen, sondern auch bei den Progressiven. Sie bestimmen, was der Priester in der Messe sagen darf und was nicht. Da wird jedes Wort auf die Prüfwaage gehoben. Jede Radikalität spaltet. Radikalität hat immer mit mangelndem Verwurzeltsein im Glauben zu tun. Weil man keine Wurzeln hat, keine guten *radices*, muss man radikal werden.

Kirchliche Mitarbeiter wie Pfarrer, Pastoralassistentinnen und Gemeindereferenten erzählen, wie schwer es in Pfarreien oft ist, Menschen aus verschiedenen spirituellen und theologischen Strömungen miteinander ins Gespräch zu bringen. Zu stark sind die gegensätzlichen Positionen. Man beharrt auf seiner Meinung und meint, dadurch wäre man Gott gegenüber gehorsam. Die Gefahr in der Kirche ist, dass das Beharren auf der dogmatischen Richtigkeit zu dogmatischen Grabenkämpfen führt. Die Dogmen haben die Aufgabe, das Geheimnis offen zu halten. Das Geheimnis ist aber immer größer als die Aussage, die wir über Gott machen können. Religionspsychologen haben festgestellt, dass gerade stark asketisch geprägte Gruppen besonders unduldsam gegenüber anderen Menschen sind. Offensichtlich führt das Unterdrücken der eigenen Triebhaftigkeit dann oft zur Unterdrückung von Menschen, die anders denken und anders leben.

Schon die frühen Mönche haben im vierten Jahrhundert erkannt: „Alles Übermaß ist von den Dämonen." Es kommt auf die Mitte an. Die Mitte zu finden bedeutet nicht in Mittelmäßigkeit, sondern in Weisheit und Milde, Weite und Freiheit zu leben. Wer in der Mitte ist, kann sich jedem Menschen zuwenden, auch dem, der extrem rechts oder links steht. Die Mitte verbindet die beiden Pole. Wer keine Mitte hat, der verfällt einer Richtung und muss die andere bekämpfen.

Hier wird Versöhnung nur dann möglich, wenn man von der rein rationalen Ebene der Rechthaberei auf die Ebene der Erfahrung übergeht. Welche Erfahrung steckt hinter dem Festhalten an konservativen Formen? Warum braucht dieser Mensch diese enge konservative Form? Ist sie für ihn ein notwendiger Halt, damit er nicht versumpft, damit er in der Orientierungslosigkeit unserer Zeit nicht die Orientierung verliert? Oder ist es die Angst, es Gott gegenüber nicht richtig zu machen? Die Erfahrung, die hinter der rigiden Meinung steckt, gilt es zu respektieren.

Versöhnung mit anderen

Oft haben Christen, die eher konservativ sind, gute Erfahrungen gemacht mit den alten Formen der Liturgie, mit den Andachten und Prozessionen. Sie haben Angst, dass progressive Christen das, was sie da als Stärkung im Glauben erfahren haben, lächerlich machen. Daher dürfen eher progressive Christen diese Erfahrungen nicht entwerten oder gar lächerlich machen, sondern sollen sie würdigen. Die Aufgabe wäre es, den eher konservativen Christen zu zeigen, dass auch modernere Formen der Spiritualität und der Liturgie zu einer tiefen Gotteserfahrung führen können. Wenn wir die Christen, die andere Formen der Spiritualität leben, achten, entsteht ein versöhntes Miteinander. In der ökumenischen Diskussion spricht man von versöhnter Verschiedenheit. Das gilt nicht nur für die Versöhnung zwischen den Konfessionen, sondern auch für die Versöhnung innerhalb der Kirchen und kirchlicher Gemeinden.

Die Spaltung in der Kirche geht nicht nur von den verschiedenen Gruppierungen innerhalb der Kirche aus, sondern oft auch von oben, vom Bischof. Wenn der Bischof meint, er allein vertrete die richtige Theologie, eine Theologie, dass die Kirche sich nicht ändern darf, dann entsteht von oben her eine Spaltung. Die Priester und Ehrenamtlichen, die sich um eine lebendige Pfarrgemeinde engagiert haben, werden in ihrem Bemühen um Veränderung und Wandel gebremst. Wenn ein Bischof in seiner Diözese Wortgottesdienste verbietet, lähmt er die Gemeinden, die auch dann, wenn kein Priester die Eucharistie feiern kann, gerne zum gemeinsamen Gebet und zu kreativ gestalteten Wortgottesdiensten zusammenkommen möchten. Die Enttäuschung durch das Unverständnis des Bischofs gegenüber dem Engagement für die Kirche führt oft dazu, dass sich Ehrenamtliche zurückziehen. Anstatt sich hinter dogmatisch begründeten Positionen zu verstecken, wäre es gut, auf die Gläubigen zu hören, die sich an der Basis für die Kirche einsetzen. Doch wer meint, er allein habe mit seiner Theologie recht, hält es nicht für nötig, auf die Menschen an der Basis zu hören. Und so trägt er zur Spaltung in der Kirche bei. Sein Anliegen ist, an der alten Kirche festzuhalten und so die Einheit zu bewahren. Aber er bewirkt gerade das Gegenteil: Er spaltet, weil er auf die, die anders denken, nicht hört. Versöhnung gelingt nur über das vorurteilslose Hören auf den andern und über das ehrliche Gespräch miteinander, in dem man gemeinsam um eine gute Zukunft der Kirche ringt.

Versöhnung zwischen den Generationen

In der Klostergemeinschaft machen wir die Erfahrung, dass eine gute Mischung zwischen Alt und Jung die Gemeinschaft zusammenhält. Wenn die jungen Mitbrüder allein unter sich sind, gibt es leichter Rivalität. Wenn die alten Mitbrüder unter sich bleiben, fehlt es oft an Lebendigkeit. Aber sowohl in der klösterlichen Gemeinschaft als auch in der Gesellschaft und in Firmen erleben wir oft, dass die Generationen sich gegenseitig verurteilen, ablehnen oder gar bekämpfen. Am deutlichsten war dieser Kampf der jungen Generation gegen die Generation der Alten zu Zeiten der 68er-Bewegung. Da hatten die protestierenden Jungen den Eindruck, dass die Alten die nationalsozialistische Vergangenheit verdrängt haben und sich nur auf das Wirtschaftswunder konzentrierten. Dabei hielten sie an alten Zöpfen fest. Der Slogan der protestierenden Studentinnen und Studenten war: „Unter den Talaren der Muff von tausend Jahren." So rebellierten sie gegen die alte Generation. Die Spannung zwischen den Generationen taucht immer wieder in der Geschichte auf, einmal mehr und einmal weniger stark. Es gibt eine gesunde Spannung, die die Gesellschaft lebendig hält und vor der Erstarrung bewahrt. Es gibt jedoch auch Spannungen, die die Gesellschaft spalten.

Der Konflikt der Generationen hat ihren Grund oft in der Angst. Die ältere Generation hat Angst, die Kontrolle zu verlieren, ihre Macht aufgeben zu müssen, und Angst vor neuen Formen, die sie verunsichern. Die jüngere Generation hat Angst, dass ihre Meinung nicht zählt, dass sie nicht ankommt gegen das Establishment, dass das Leben um sie herum erstarrt ist.

Ein anderer Grund für den Generationenkonflikt ist die Verschiedenheit der Lebenskultur. Die Alten verstehen die Lebensweise der Jungen nicht und umgekehrt. Oft entsteht dann aus diesem Konflikt gegenseitige Ablehnung und Entwertung der anderen Generation. Es bilden sich Vorurteile, dass die Jungen nur egoistisch seien und nur um die eigenen Bedürfnisse kreisen, oder dass die Alten nur am Alten festhalten, weil sie ihre Macht zementieren möchten. In Firmen erlebe ich oft, dass die engagierten Mitarbeiter im Alter um die 50 Jahre enttäuscht sind über die jungen Mitarbeiter, die sehr darauf bedacht sind, genügend Zeit für die Familie oder für private Interessen zu haben. Die jungen Mitarbeiter werfen den Älteren vor, dass ihr ganzes Leben nur um die Arbeit kreise und sie sich aufarbeiten. Auch da gilt es, gut aufeinander zu hören und nach Wegen zu suchen, die für die jungen Mitarbeiter und für die älteren Mitarbeiter stimmig sind.

Damit Versöhnung zwischen den Generationen entstehen kann, braucht es die Offenheit, auf die Stimmen

Dimensionen der Versöhnung

der Alten und der Jungen zu hören, ohne sie sofort zu bewerten. Die Versöhnung kann nur gelingen, wenn sich jede Generation der eigenen Angst stellt. Wenn man sich der Angst stellt, dann wird man fähig, den Konflikt anzuschauen, ohne sich ständig selbst rechtfertigen und den andern bekämpfen zu müssen. Es braucht die Bereitschaft, die eigene Sicht in Frage stellen zu lassen und genau hinzuhören, was die andere Generation bewegt.

Oft erleben wir, dass Großeltern gut mit ihren Enkelkindern umgehen können. Die Enkel lieben ihre Großeltern. Das gilt auch für den Generationenkonflikt in der Gesellschaft, in der Kirche und in den Firmen. Oft verstehen sich die alten Menschen mit den jungen, mit ihrer Enkelgeneration. Die meisten Konflikte gibt es zwischen den unmittelbar folgenden Generationen, nicht nur zwischen Eltern und Kindern in der Familie, sondern zwischen den Vätern und Söhnen oder Töchtern in der Firma oder Müttern und Töchtern in der Kirche. Beide Generationen haben andere Interessen. Und die Rebellion, die innerhalb der Familie stattfindet, verlagert sich dann in die Gesellschaft.

Versöhnung zwischen den Generationen gelingt nur, wenn alte und junge Menschen sich gegenseitig nicht bewerten, sondern offen auf das hören, was die jeweils andere Generation zu sagen hat, wie sie ihr Leben versteht und was ihre Sehnsüchte sind. Versöhnung braucht die Ehrlichkeit, die eigenen Ängste und Bedürfnisse anzuschauen, die hinter der eigenen Meinung und Lebensauffassung stehen. Nur wenn alte und junge Menschen sich ihren Ängsten und Sehnsüchten stellen, werden sie fähig, miteinander offen zu sprechen. Dabei werden Junge wie Alte feststellen, wie sich unbewusst oft Vorurteile gegen-

Versöhnung mit anderen

über der anderen Generation in den Köpfen festgesetzt haben. Diese Vorurteile gilt es loszulassen. Die Zeit der 68er-Bewegung haben viele Universitätsprofessoren als Zeit der Tyrannei erlebt, weil die protestierenden Jungen ihnen einfach das Wort abgeschnitten haben. Umgekehrt kann es auch zu einer Tyrannei der Alten führen, wie wir es etwa im Iran erleben. Die Studenten protestieren, aber sie kommen nicht an gegen die Macht der alten geistlichen Führer, die an ihren alten Vorstellungen festhalten und diese mit Gewalt verteidigen. Ähnlich erleben wir es in vielen Diktaturen, in Russland, in der Türkei und in arabischen Ländern. Wenn die Gesellschaft nicht auf die Jungen hört, wird sie gespalten und die Spaltung lähmt die Gesellschaft und führt auch oft genug zur wirtschaftlichen Katastrophe.

Der Soziologe Steffen Mau meint, der Generationenkonflikt, so wie ihn manche Medien an die Wand malen, würde heute gar nicht existieren. Medial wird folgendes Bild verbreitet: Die progressiven Jungen wollen die Gesellschaft ändern, die konservativen Alten wollen die Veränderung verhindern. Steffen Mau hat hierzu geforscht und kommt zu einem weniger eindeutigen Ergebnis. Als Beispiel hierfür nennt er das Thema „Gendern": „Es mag ja sein, dass innerhalb von Redaktionen die unter 30-Jährigen gern gendern und die über 40-Jährigen eher nicht. Doch in der Gesamtbevölkerung sieht man das nicht, die gendergerechte Sprache wird in allen Altersgruppen auf einem ähnlichen Niveau mehrheitlich abgelehnt. Der Generationenkonflikt wird aber für real gehalten, weil er in textaffinen Milieus wie dem Journalismus existiert und öffentlich ausgetragen wird."[13] Natürlich gibt es immer wieder Spannungen zwischen den Generationen. Das hält die Gesellschaft auch lebendig. Doch die Konflikte dürfen nicht für so absolut gehalten werden, wie es in manchen Medien dargestellt wird. So ist die Versöhnungsbereitschaft zwischen den Konflikten heute durchaus vorhanden. Mein Anliegen – als alter Mann – ist es, mit diesem Buch das Versöhnende zwischen den Generationen zu bestärken, anstatt es in Frage zu stellen.

Die Versöhnung in der Gesellschaft

Mitfühlen statt bewerten
Viele Journalisten sprechen heute von einer gespaltenen Gesellschaft. Die Schlagzeilen warnen: Die Gräben zwischen den verschiedenen Strömungen in der Gesellschaft werden immer tiefer. Es heißt, dass die Gräben zwischen Stadt und Land, zwischen Alt und Jung, zwischen Ost und West, zwischen Süd und Nord, zwischen Mann und Frau, zwischen Reich und Arm immer tiefer werden. Es gibt die Gräben zwischen Impfgegnern und Impfbefürwortern, zwischen denen, die Flüchtlingen eine neue Heimat geben wollen, und denen, die eine Entfremdung befürchten und daher die Flüchtlinge ablehnen, die Gräben zwischen denen, die dafür plädieren, dass die Mütter länger bei ihren Kindern zu Hause bleiben sollen, und denen, die die Mütter möglichst bald nach der Geburt wieder in die normale Arbeit eingliedern wollen. Glaubt man den Medien, so stehen sich die Meinungsgegner so unversöhnlich gegenüber, dass kaum ein vernünftiges, sachliches Gespräch mehr möglich ist.

Die empirischen Forschungen von Soziologen und anderen Wissenschaftlern zeigen ein hoffnungsvolleres

Bild der Gesellschaft. Das gilt zum Beispiel für die Spaltung zwischen Ost und West. Mau meint, „dass der starke mediale Fokus auf sächsische Protestmilieus eine größere Differenz suggeriert, als real vorhanden ist."[14] Es gebe Spaltungen und Konflikte, aber es gebe zugleich die Hoffnung, dass die Unterschiede und Konflikte kleiner werden. Daher braucht es auch die Darstellung von Menschen in Ost und West, die ähnlich denken. Und es braucht die Bereitschaft, die Menschen zu verstehen, die anders denken. Mau stellt fest, dass die Menschen im Osten es als Kränkung empfinden, wenn „die ostdeutsche Identität für Westdeutsche irrelevant ist". Es geht darum, sich in die Mentalität anderer gesellschaftlicher Gruppen hineinzufühlen, anstatt sie zu bewerten. Und es geht um Respekt für alle Gruppierungen innerhalb der Gesellschaft. Wenn eine Gruppe das Gefühl hat, dass sie nicht gehört wird, dann kommt es leicht zur Spaltung.

Die Angst vor anderen Meinungen
Psychologen sprechen davon, dass Menschen lernen müssen, mit der Ambiguität, der Unterschiedlichkeit der Meinungen, umzugehen. Viele Menschen wünschen sich schnelle, eindeutige Antworten. Doch Leben vollzieht sich immer in der Ambiguität, in Mehrdeutigkeit und Unsicherheit, in Widersprüchlichkeiten. Es gibt nicht einfach schwarz und weiß, richtig und falsch. Es gibt viele Töne dazwischen.

Diese Angst vor der Ambiguität führt leicht dazu, dass einige Menschen davon überzeugt sind, dass es besser wäre, wenn man Menschen mit vermeintlich anderen Meinungen gar nicht erst zu Wort kommen lässt. Man hört nicht auf die Worte, sondern ordnet die Person sofort in eine Gruppe ein, möglichst in eine Gruppe, die man vollkommen ablehnt. Bestimmte Meinungen werden so gar nicht erst gehört, weil die Personen sofort in die linke oder rechte Ecke gestellt werden. Dann hat diese Person keine Chance mehr, vernünftig ihre Meinung darzulegen. Sie ist von vornherein als „ewig gestrig", „Querulant", „stockkonservativ" oder eben als progressiver Spinner und unrealistischer Träumer abgestempelt. Das führt dann zur Spaltung. Eine gesunde Gesellschaft kann mit verschiedenen Meinungen leben.

Ein Mann, der sich in einem deutsch-russischen Kulturverein engagiert, erzählte mir, er werde heute, da er sich um Versöhnung bemühe, sofort als Kollaborateur gebrandmarkt. Die Freundschaft zu russischen Menschen wird sofort als etwas Schlechtes dargestellt, ohne dass wir zwischen der Politik der russischen Regierung und den russischen Menschen differenzieren. Eine Biologie-Professorin wurde von der Humboldt-Universität ausgeladen, weil sie über die biologische Forschung sprechen wollte, die in der Biologie nur von zwei Geschlechtern ausgeht. Man hat Angst vor einer anderen Meinung und will sie gar nicht hören. Daher sprechen Soziologen von einer Ambiguitätstoleranz oder auch von Unsicherheitstoleranz oder Ungewissheitstoleranz, die wir heute dringend benötigen. Die Toleranz besteht darin, die Widersprüchlichkeiten und die kulturell bedingten Unterschiede wahrzunehmen, ohne darauf aggressiv zu reagieren. Ohne diese Ambiguitätstoleranz entsteht ein Schwarz-Weiß-Denken, entsteht ein Kampf zwischen den verschiedenen Meinungen und Lebenskulturen. Man hält die Spannung und Unsicherheit nicht aus, sondern verteidigt mit Gewalt seine eigene und oft genug einseitige Meinung.

Versöhnung mit anderen

Wenn wir nach den Gründen fragen, warum Menschen Angst vor der Ambiguität, Angst vor der Unterschiedlichkeit der Meinungen, haben, dann entdecken wir dahinter oft einen Mangel an Selbstwertgefühl. Man hat Angst, sich einer anderen Meinung zu stellen, weil man dann den Boden unter den Füßen verlieren könnte. Und weil man zu wenig Vertrauen in das eigene Gespür für die Wahrheit und für die Wirklichkeit hat, muss man sich hinter einer vorgeformten Meinung verstecken. Oder aber man bekämpft die Meinung, die einem Angst macht, um sich der Angst nicht stellen zu müssen.

Ein anderer Grund, warum es so verhärtete Fronten gibt, ist der Mangel an Erinnerung an die Vergangenheit. Richard von Weizsäcker meint, wir können die Vergangenheit nicht aufarbeiten. Wir können sie nicht ungeschehen machen. Doch zugleich ist er überzeugt: „Wer aber vor der Vergangenheit die Augen verschließt, wird blind für die Gegenwart. Wer sich der Unmenschlichkeit nicht erinnern will, der wird wieder anfällig für neue Ansteckungsgefahren."[15]

Wir erleben heute, dass sich Ähnliches ereignet wie damals zu Beginn der Hitlerzeit. Es werden Dinge behauptet, die nicht beweisbar sind. Menschen verbreiten die falsche Nachricht, eine Kirche würde in eine Moschee umgewandelt und muslimische Eltern hätten das Verbot von Schweinefleisch in Schulkantinen durchgesetzt. Diese Behauptungen werden dann über die sozialen Medien verbreitet. Man fühlt sich als Opfer von fremden Mächten. Daher bekämpft man alle, die offener und liberaler denken oder ihre Wurzeln in einer anderen Kultur haben. Es sind ähnliche Tendenzen, wie wir sie in den 1930er Jahren beobachten konnten. Weizsäcker meint: „Die Jungen sind

Dimensionen der Versöhnung

nicht verantwortlich für das, was damals geschah. Aber sie sind verantwortlich für das, was in der Geschichte daraus wird."[16] Die Angst vor dem Fremden führt dazu, dass man das Fremde verteufelt. Doch das führt zur Spaltung. Die Chance wäre, in den fremden Menschen das Fremde in sich selbst zu erkennen und sich mit dem Fremden und Unbekannten in sich selbst zu versöhnen. Dann kann ich auch versöhnlicher mit den Menschen umgehen, die aus anderen Kulturen zu uns kommen.

Ob in einer Gesellschaft die Versöhnung wächst oder die Spaltung, liegt jedoch nicht nur an den verschiedenen Parteien und gesellschaftlichen Gruppierungen, sondern auch an jedem Einzelnen. Wir sind nicht machtlos den spaltenden Tendenzen der Gesellschaft ausgeliefert.

Gespräche schaffen Gemeinschaft
Einen Beitrag zur Versöhnung kann jeder leisten, vor allem durch seine Sprache. Die Sprache verrät uns, sagt uns die Bibel. Unsere Sprache ist entweder spaltend oder versöhnend, entweder verurteilend oder verstehend. Sie kann Menschen miteinander verbinden, sie kann sie aber auch spalten. Eine bewertende Sprache spaltet. Daher ist es wichtig, dass wir in unserem Sprechen darauf achten, wie wir über andere und zu anderen Menschen sprechen.

Heute wird viel geredet. Aber die deutsche Sprache weiß: Wenn wir nur reden, gibt es ein Gerede. Ein Gespräch entsteht nur, wenn wir sprechen. Sprechen kommt von „bersten" und meint immer ein persönliches Sprechen, ein Sprechen, das aus dem Herzen kommt. Ein Gespräch schafft immer Gemeinschaft, es verbindet die Menschen miteinander. Gerede dagegen spaltet oft genug.

Versöhnung mit anderen

Wenn sich Schauspieler, Sportler oder andere Prominente öffentlich zu umstrittenen Themen äußern, kommt es vor, dass sie dafür im Netz regelrecht an den Pranger gestellt werden. Ihre Meinung wird mit aggressiven und oft auch brutalen Worten zerrissen. Die wütenden Kommentarschreiber sind oft nicht bereit, einmal hinzuhören, was sie wirklich denken oder was an ihrer Meinung bedenkenswert ist. Stattdessen werden sie lawinenartig mit beleidigenden Kommentaren und zum Teil sogar Hass überschüttet.

Die Bibel zeigt uns, wie die Sprache spalten und wie sie versöhnen kann. In der Erzählung vom Turmbau von Babel heißt es, dass Gott die Sprachen der Menschen verwirrt hat, sodass sie sich nicht mehr verständigen konnten. (Gen 11,1–9) Das führte dazu, dass sie ihr gemeinsames Projekt, einen hohen Turm zu bauen, nicht mehr verwirklichen konnten. „Darum nennt man sie Babel (Wirrsal). Denn dort hat der Herr die Sprache der ganzen Erde verwirrt und von dort hat sie der Herr über die ganze Erde zerstreut." (Gen 11,9) Manchmal haben wir das Gefühl, dass wir heute in einer verwirrten Zeit leben. Denn wir reden aneinander vorbei und verstehen die Sprache der anderen nicht mehr. Wenn wir nicht mehr miteinander sprechen können, kann auch die Gesellschaft nicht gut zusammenleben. Dann gibt es Zwiespalt und Feindschaft. Das zeigen uns die ersten Kapitel der Genesis sehr klar. Doch Gott hat ein Gegenmodell entstehen lassen: An Pfingsten hat er den Heiligen Geist ausgesandt, der in Feuerzungen auf die Jünger herabkam. Feuerzungen, das ist ein Bild für eine Sprache, die wärmt, in der ein Funke überspringt. Und die Jünger konnten auf einmal so sprechen, dass alle sie verstanden. Die Menschen wunderten und fragten sich: „Sind das nicht alles Galiläer, die hier sprechen? Wieso kann sie jeder von uns in seiner Muttersprache hören?" (Apg 2,7f.)

Diese Sprache bräuchten wir heute wieder. Zwar können heute die meisten Menschen sich auf der Welt mit Englisch verständigen. Aber innerhalb einer Gesellschaft sprechen wir oft eine Sprache, die nicht verbindet, die die andern nicht verstehen. Es gibt verschiedene Gruppen, die gleichsam eine Insidersprache haben, die außerhalb ihrer Gruppe nicht mehr verstanden wird. Und wir sprechen eine Sprache, die ständig verurteilt und dadurch die Menschen spaltet.

Es ist unsere Verantwortung, auf unsere Sprache zu achten. Die Kirchenväter sagen: „Mit der Sprache bauen wir ein Haus." Wir sollten mit unserer Sprache ein Haus bauen, in dem sich alle Menschen zuhause fühlen, in dem sie sich verstanden fühlen, und nicht ein Haus, in dem sich die Menschen unwohl fühlen und sich daher zurückziehen in die eigenen vier Wände und sich um die andern nicht mehr kümmern.

Versöhnung zwischen Völkern

Jahrhundertelang herrschte Feindschaft zwischen Frankreich und Deutschland. Diese Feindschaft wurde verschärft durch den Deutsch-Französischen-Krieg 1870/1871 und dann durch die beiden Weltkriege. Doch nach dem Zweiten Weltkrieg gelang es den beiden Staatschefs Charles de Gaulle und Konrad Adenauer, einen Prozess der Versöhnung zwischen den Völkern in Gang zu setzen, der seitdem zu vielen Freundschaften geführt hat. Schüleraustauschprogramme und Partnerschaften zwischen französischen und deutschen Städten förderten die Versöhnung und schufen einen dauerhaften Frieden zwischen Deutschland und Frankreich.

Auch die Beziehung zu den Ländern, denen Deutschland während der Naziherrschaft großes Unrecht getan hat, wurde nach dem Zweiten Weltkrieg immer mehr verbessert: zu Polen, Tschechien und Ungarn. Auch die Beziehung zwischen Deutschen und Russen wurde Ende des 20. Jahrhunderts durch den wirtschaftlichen und kulturellen Austausch freundschaftlich. Leider ist die gute Beziehung zwischen vielen Deutschen und Russen jetzt durch den Krieg in der Ukraine infrage gestellt oder zumindest erschwert worden. Nach dem Fall des Eisernen Vorhangs hatte man gehofft, dass die Versöhnung zwischen Ost und West immer stärker würde. Diese Erwartung ist seit Beginn des Ukraine-Kriegs wieder in weite Ferne gerückt. Auch die Erwartung „Wandel durch Handel" ist in der Beziehung zu China nicht erfüllt worden. Sicher sind inzwischen viele menschliche Beziehungen gewachsen. Aber die Regierungen in Russland und in China sabotieren diese guten Beziehungen, indem sie eine immer diktatorischer werdende Politik betreiben.

Bei allen politischen Versuchen, Versöhnung zwischen den Völkern zu schaffen, erkennen wir in jedem Volk, dass da auf einmal alte Ressentiments auftauchen. Die Freundschaft zwischen Deutschland und Israel wird von antisemitischen Äußerungen in Deutschland immer wieder sabotiert. In Frankreich tauchen immer wieder Vorurteile gegenüber den Deutschen auf und in Deutschland alte Meinungen über die Franzosen. Als meine Schwester vor etwa 30 Jahren in Italien einen Sprachkurs belegte, weigerte sich ein Engländer, zusammen mit einer deutschen

Frau diesen Kurs zu belegen. Erst das klare Votum der italienischen Kursleiterin ermöglichte ein Miteinander, auch wenn der Engländer weiterhin jeden Kontakt mit meiner Schwester mied. Als ich in Holland Vorträge hielt, fuhr mich der holländische Gastgeber in meinem Auto zum nächsten Vortragsort. Da überholte uns immer wieder ein Auto und bremste dann vor uns ab. Das geschah ein paarmal. Mein holländischer Gastgeber entschuldigte sich und meinte, leider gebe es junge Holländer, die ihre Aggressionen gegenüber Deutschen auf diese Weise ausagieren müssten.

Der Prozess der Versöhnung braucht offensichtlich viel Zeit. Und mit einem äußeren Versöhnungsschluss ist es noch nicht getan. Die Tendenz, die Vergangenheit zu verdrängen, ist groß. Sie führt dann immer wieder dazu, dass unter der Oberfläche äußerer Versöhnung alte Vorurteile und Ressentiments auftauchen. Die Geschichte hat sich oft tief in die Herzen der Menschen eingeprägt, ohne dass sie sich dessen bewusst sind. Wenn wir nach Polen oder in die Ukraine schauen, so haben beide Völker eine sehr wechselvolle Geschichte erlebt. Sie haben immer wieder Fremdherrschaft erfahren und mühsam nach der eigenen Identität gesucht. Daher taucht in beiden Ländern immer wieder die Angst vor Bedrohung auf. Die Ungarn haben lange Zeit unter den Türkenkriegen gelitten. Wenn jetzt auf einmal viele Flüchtlinge aus muslimischen Ländern ins Land kommen, dann kommen die alten Ängste vor der Bedrohung und vor der Unterdrückung durch die Türken wieder hoch. Wenn wir die Ungarn ohne ihre Geschichte betrachten und beurteilen, dann tun wir ihnen Unrecht. Es gilt die Völker mit ihrer Geschichte und aus ihrer Geschichte heraus zu verstehen.

Versöhnung mit anderen

Ein Missionar, der lange in China gearbeitet hat, erzählte mir, dass für die Chinesen die Vergangenheit immer gegenwärtig ist. Sie können nicht vergessen. Die schmerzlichen Erfahrungen beim Boxerkrieg (1899–1901), als die acht westlichen Mächte, darunter auch das Deutsche Reich, die chinesischen kaiserlichen Truppen und die Truppen der Boxer besiegten, sind in der chinesischen Denkweise immer noch präsent. Wir können die Chinesen nicht verstehen ohne ihre Geschichte. Es ist nicht nur Aufgabe der Chinesen, sich mit ihrer Geschichte auszusöhnen. Es ist auch Aufgabe der westlichen Mächte, die Geschichte mit China aufzuarbeiten. Die Aufarbeitung kann einmal durch genaue Erforschung der Vergangenheit erfolgen, dann aber auch durch Versöhnungsrituale zwischen den Völkern, damit die vergangenen Verletzungen aufhören, das heutige Denken und Handeln zu bestimmen. Der Handschlag zwischen de Gaulle und Adenauer oder der Kniefall Willy Brandts vor dem Gefallenendenkmal in Warschau waren solche Rituale, die sich tiefer eingeprägt haben als nur ihre Reden.

In Afrika haben in Ruanda im Jahr 1994 Hutu-Extremisten zur Vernichtung der Tutsi-Minderheit aufgerufen. Es setzte ein brutales Morden ein. In 100 Tagen ermordeten Angehörige der Hutu-Mehrheit 75 % der Tutsi, sodass schätzungsweise etwa 1 Million Menschen ermordet wurden. Der Westen schaute tatenlos zu. Seither versuchten vor allem die christlichen Kirchen Versöhnungsarbeit zu leisten zwischen den verschiedenen Stämmen. Sie bieten Kurse an für Tutsi und Hutu, in denen sie sich gegenseitig ihre Erfahrungen erzählen und dann im kleinen Kreis Versöhnungsrituale praktizieren. Da ist schon viel Versöhnungsarbeit geleistet. Dennoch bleiben die schmerzlichen

Dimensionen der Versöhnung

Erfahrungen weiterhin im Gedächtnis der Menschen in Ruanda. Es wird lange brauchen, die Vergangenheit so aufzuarbeiten, dass sie das heutige Leben in diesem Land nicht mehr bestimmt, sondern neue Wege des Miteinanders möglich werden. Wir haben keine Garantie, dass nicht irgendwann die verdrängten Gewalttaten aus dem Unbewussten wieder hochkommen und zu neuen Ausschreitungen führen.

Gerade auf meinen Vortragsreisen nach Polen und Tschechien, nach Slowenien und Kroatien durfte ich immer wieder erfahren, wie Versöhnung möglich ist. Für mich als deutschem Mönch war es schön zu sehen, wie die Zuhörer dort keine Vorurteile den Deutschen gegenüber hatten, sondern mir gerne zuhörten. Für mich war es allerdings wichtig, nicht als Besserwisser aufzutreten, sondern demütig die christliche Botschaft zu verkünden und die Menschen zu würdigen, die in diesen Ländern unter der kommunistischen Herrschaft ihren Glauben gelebt haben. Das Hören aufeinander und das Gespräch miteinander verbindet uns und überbrückt alle alten Gräben, die die letzten Weltkriege geschaffen haben.

Als ich einmal in einer Kirche in Krakau einen Vortrag gehalten hatte, kam nach dem Vortrag eine alte Frau gemeinsam mit einer jungen Studentin auf mich zu. Die Studentin sagte mir auf Deutsch: „Die alte Frau möchte Sie gerne umarmen." Als wir uns gegenseitig umarmten, ahnte ich, dass dieser Frau viel Unheil von Deutschen widerfahren ist. Aber zugleich spürte ich dankbar, wie Versöhnung möglich ist. Diese Umarmung hat mich tief berührt.

Inzwischen geschieht viel Austausch zwischen den Völkern. Umso wichtiger ist es, dass wir Deutschen mit der Erinnerung an das Unrecht, das durch unsere Vorfahren geschehen ist, den Menschen in diesen Ländern in Demut begegnen. Dann wird das alte Unrecht durch neue ehrliche und herzliche Begegnungen immer mehr verwandelt.

Bei Führungsseminaren wird mir immer wieder bewusst, wie gerade Firmen in unserer Zeit der Globalisierung eine wichtige Aufgabe haben, Völker miteinander zu versöhnen. Denn in großen Firmen arbeiten Menschen aus verschiedenen Völkern und Kulturen. Wenn es der Firma gelingt, ein Klima des Vertrauens zu schaffen, in dem sich Mitarbeiter aus allen Kulturen angenommen fühlen und gut zusammenarbeiten, dann leistet sie einen wichtigen Beitrag zur Versöhnung. Je besser die Menschen aus verschiedenen Kulturen sich kennenlernen, desto mehr Vorurteile gegeneinander werden abgebaut. Aber es ist auch wichtig, dass die Verschiedenheit im Verhalten und in der Lebensauffassung berücksichtigt wird, dass sich alle Menschen mit ihrer kulturellen Prägung geachtet fühlen. Bei aller Verschiedenheit geht es darum, gut miteinander zu arbeiten und zu leben. Dass das nicht ohne Schwierigkeiten und Konflikte geht, erfahren viele Firmen. Und doch lohnt es sich, immer wieder an der Versöhnung der verschiedenen Menschen und Kulturen zu arbeiten. Dann gibt es nicht nur eine äußerlich bekundete Versöhnung, sondern die Versöhnung wird immer tiefer und vertreibt aus den Köpfen die alten feindseligen Gedanken und Vorurteile.

Da unsere Gesellschaft multikulturell ist, ist es auch eine wichtige Aufgabe, die Menschen aus den verschiedenen Kulturen miteinander zu versöhnen. Für diese Versöhnung haben sich nicht nur die Politiker einzusetzen, sondern alle, die Verantwortung in der Gesellschaft tragen, ja letztlich alle Bürger. Denn es kommt darauf an,

Dimensionen der Versöhnung

dass im Alltäglichen Verständnis füreinander entsteht und Achtung voreinander. Jeder kann zu dieser Versöhnung zwischen den Völkern beitragen, indem er freundlich und fair umgeht mit Menschen anderer Kulturen und indem er eine versöhnende Sprache spricht, anstatt mit seinen Worten die Gesellschaft zu spalten.

Versöhnung mit der Natur

Der Klimawandel zeigt uns in aller Härte die Notwendigkeit der Versöhnung zwischen Mensch und Natur. Der Kapitalismus hat in den letzten Jahrhunderten die Natur schamlos ausgebeutet. Und auch die kommunistischen Regime sind nicht gut mit der Natur umgegangen. Die Natur war nur eine Quelle für die Rohstoffe, die man daraus gewonnen hat. Die Wirtschaft hat letztlich die Natur als Feind betrachtet, den es zu besiegen gilt. Doch jetzt erkennen wir, dass das ein falscher Ansatz ist. Wenn wir die Natur als Feind betrachten, schlägt sie zurück. Sie lässt es sich nicht gefallen, rücksichtslos ausgebeutet zu werden. Sie rebelliert dagegen, indem sie uns Hitzeperioden und Dürre, Überschwemmungen und Tornados schickt.

Die Christen haben das Wort aus dem ersten Schöpfungsbericht in der Zeit seit der Industrialisierung oft im Sinn von Beherrschung ausgelegt: „Bevölkert die Erde und macht sie euch untertan! Herrscht über die Fische des Meeres und über die Vögel des Himmels und über alle Tiere, die sich auf der Erde regen!" (Gen 1,28) Sie haben den Auftrag Gottes an den Menschen im zweiten Schöpfungsbericht vernachlässigt, in dem es heißt: „Gott, der Herr, nahm den Menschen und setzte ihn in den Garten Eden, damit er ihn bebaue und bewache." (Gen 2,15) Doch beide Verse gehören zusammen und legen sich gegenseitig aus. Den ersten Vers darf man nicht als Aufruf zur Ausbeutung verstehen. Vielmehr soll der Mensch die Erde gestalten. Er soll gleichsam das Schöpfungswerk Gottes fortsetzen. Und es ist seine Aufgabe, die Erde zu hegen und zu pflegen, also achtsam und behutsam mit ihr umzugehen.

Dimensionen der Versöhnung

Unsere Aufgabe ist es, uns mit der Natur wieder auszusöhnen. Die keltische und auch die indianische Spiritualität haben uns diese tiefe Verbindung von Spiritualität und Natur vorgelebt. Die keltische Spiritualität betont, dass wir in jeder Pflanze, in jedem Tier und in jedem Menschen das ewige Wort Gottes wahrnehmen sollen. Und sie begreift Jesus Christus nicht so sehr als den, der uns von unseren Sünden erlöst, sondern als den, den Gott gesandt hat, um die Welt zu vervollkommnen. Die katholische Tradition hat diese naturverbundenen Formen der Spiritualität nicht verneint, sondern sie in die christliche Spiritualität aufgenommen und ihnen eine neue Bedeutung verliehen.

Die innere Verbindung von Menschen und Natur, von Menschen und Tieren kommt im Buch Jona sehr gut zum Ausdruck. Gott tadelt Jona, weil er sich darüber aufregt, dass der Rizinusstrauch von einem Wurm angenagt wurde und ihm daher keinen Sonnenschutz mehr bot: „Du hast Mitleid mit der Rizinusstaude, um die du dich nicht gemüht und die du nicht herangezogen hast, die in einer Nacht heranwuchs und in einer Nacht verging. Ich aber sollte nicht Mitleid haben mit Ninive, der großen Stadt, in der mehr als 120.000 Menschen leben, die nicht einmal zwischen rechts und links unterscheiden können, und dazu so viel Vieh?" (Jona 4,10f.) Gott tut es also leid um die Menschen, die sich verirrt haben, aber auch um das Vieh, das gemeinsam mit den Menschen leidet.

Der Gedanke, dass die Natur gemeinsam mit dem Menschen leidet, kommt auch in der bekannten Stelle aus dem Römerbrief zum Ausdruck: „Auch die Schöpfung soll von der Sklaverei und Verlorenheit befreit werden zur Freiheit und Herrlichkeit der Kinder Gottes. Wir wissen ja, dass die gesamte Schöpfung bis jetzt seufzt und in Wehen liegt." (Röm 8,21f.) Die Schöpfung leidet unter der Sünde der Menschen, unter dem Fehlverhalten, das gerade in der Ausbeutung der Schöpfung zum Ausdruck kommt. Die Bekehrung der Menschen von der Sklaverei ihrer eigenen Geldgier soll sich auch auf die Schöpfung positiv auswirken. Dann wird sie befreit zu sich selbst, zu ihrer eigenen Herrlichkeit, zu ihrer eigentlichen Gestalt.

Die Versöhnung mit der Natur verlangt zunächst, dass wir Menschen uns als Teil der Natur verstehen, dass wir spüren, dass wir aus dem gleichen Sternenstaub gebildet sind wie der gesamte Kosmos. Lukas hat das in seiner berühmten Areopagrede zum Ausdruck gebracht, wenn er schreibt: „Er hat aus dem *einen* (lateinisch: *ex henos*) das ganze Menschengeschlecht erschaffen." (Apg 17,26) Oft wird diese Stelle so übersetzt, dass Gott aus einem einzigen Menschen das ganze Menschengeschlecht erschaffen hat. Doch Lukas ist nicht am Monogenismus interessiert, es geht ihm nicht darum, zu betonen, dass alle Menschen von Adam abstammen. Er bezieht sich hier vielmehr auf die griechische Philosophie, die von der Einheit aller Dinge spricht. Es gibt seit Heraklit und Parmenides eine eigene Philosophie des *to hen*, des *einen*. Es muss doch neben dem Vielen auch das Eine geben, das allem zugrunde liegt. Lukas will also sagen: Wir sind innerlich verwandt mit der Natur, mit der Erde, mit den Pflanzen und Tieren.

Es geht um unsere Erdhaftigkeit, die wir annehmen sollen. Benedikt nennt das Demut: *humilitas*. Das lateinische Wort *humilitas* kommt von *humus*, Erde. Demut bedeutet den Mut, hinabzusteigen in die eigene Erdhaftigkeit, mit beiden Füßen auf der Erde zu stehen, anstatt uns mit unserem Intellekt über sie zu erheben. Es gilt, demütig zu akzeptieren, dass wir ein Teil der Erde sind, dass die

Versöhnung mit uns selbst zugleich immer auch Versöhnung mit der Natur ist, Versöhnung mit den Pflanzen und Tieren und mit der leblosen Natur. Hier können wir viel von der indianischen Spiritualität lernen. So heißt es in einem spirituellen Text eines Indianerstammes: „Die Erde lebt und ist dasselbe wie unsere Mutter. Denn bestünde die Erde nicht, gäbe es keine Menschen. Die Menschen sind ihre Kinder und ebenso die Tiere. Sie achtet auf sie alle und versorgt sie mit Nahrung. Die Steine sind ihre Knochen und das Wasser ihre Milch … Die Tiere sind dasselbe wie die Menschen; sie sind vom gleichen Blut; sie sind Verwandte."[17]

Wir erkennen heute, dass die moralischen Appelle, mit der Natur gut umzugehen, nicht wirksam genug sind. Es braucht daher eine spirituelle Grundlage der Versöhnung mit der Natur. Die frühen Mönche sprachen von der Mystik der Natur. Wir sollen in der Natur Gottes Spuren erkennen. Die griechischen Kirchenväter betonen vor allem die Schönheit Gottes, die sich in der Schönheit der Natur widerspiegelt. Das deutsche Wort „schön" kommt von „schauen" und von „schonen". Indem wir die Schönheit der Natur anschauen und in ihr Gott als das Urschöne erkennen, gehen wir schonend mit der Schöpfung um.

Wir haben uns durch unsere Rationalität weit von der Natur entfernt. Der Verstand will alles beherrschen und kontrollieren. Wir brauchen den Zugang zum Gefühl, in dem wir uns eins fühlen mit allem, was ist. Und wir brauchen die Demut, um achtsam und behutsam mit der Natur umzugehen.

Die Versöhnung mit der Natur ist die Voraussetzung, dass wir und die nachfolgenden Generationen gut und gerne auf dieser Erde leben können.

Versöhnung mit Gott

Eine Bedingung dafür, dass wir uns mit anderen Menschen versöhnen können, ist die Versöhnung mit Gott. Das mag für manche fremd klingen. Was soll die Beziehung zu Gott mit der Beziehung zu den Menschen zu tun haben? Inwiefern ist die Versöhnung mit Gott eine Voraussetzung, um sich mit sich selbst und andern zu versöhnen?

Ich möchte diese innere Verbindung zwischen der Versöhnung mit Gott und der Versöhnung mit anderen Menschen erklären. Jesus selbst verbindet in seiner Antwort auf die Frage, was das wichtigste Gebot ist, die Gottesliebe mit der Nächstenliebe und Selbstliebe: „Du sollst den Herrn, deinen Gott, lieben mit deinem ganzen Herzen und mit deiner ganzen Seele und mit deiner ganzen Vernunft. Das ist das wichtigste und erste Gebot. Das zweite ist ihm gleich: Du sollst deinen Nächsten lieben wie dich selbst." (Mt 22,37–39) Viele fragen sich: Wie kann ich Gott lieben, den ich gar nicht sehe? Ich kann Gott nicht lieben wie einen Freund. Johannes sagt in seinem Brief: „Gott ist Liebe. Und wer in der Liebe bleibt, der bleibt in Gott und Gott bleibt in ihm." (1 Joh 4,16) Wenn wir in uns hineinschauen, dann entdecken wir auf dem Grund unserer Seele die Liebe als eine Kraft, die uns erfüllt. Nur wenn wir mit dieser inneren Quelle der Liebe in Berührung kommen, sind wir fähig, andere Menschen und uns selbst zu lieben. Gott als Liebe ist also die Quelle, aus der heraus wir die Liebe schöpfen, mit der wir uns selbst und andere lieben können.

Ähnlich können wir uns die Versöhnung mit Gott vorstellen. Gott ist der Grund unseres Seins. Von diesem Grund haben wir uns oft entfernt. Wir leben nur an der

Oberfläche und haben keine Beziehung zu uns selbst. Versöhnung mit Gott bedeutet daher, uns mit dem innersten Grund unseres Seins zu verbinden. In diesem Sinn sollten wir das Wort verstehen, das Paulus im 2. Korintherbrief schreibt: „An Christi statt bitten wir: Lasst euch mit Gott versöhnen!" (2 Kor 5,20)

Viele Menschen meinen, wenn sie von der Versöhnung mit Gott hören, Gott müsse mit uns versöhnt werden. Jesus müsse unsere Schuld sühnen, damit Gott bereit sei, sich mit uns zu versöhnen. Doch das ist eine falsche Deutung der biblischen Aussagen. Die Bibel erzählt in vielen Geschichten, dass es die Menschen sind, die sich von Gott entfernt und entfremdet haben. Gott ist immer der, der bereit ist, den Menschen seine liebende Nähe zu zeigen. Doch der Mensch, der sich verrannt hat, indem er sich von der Macht der Sünde aus seiner Mitte herausreißen ließ, hat sich Gott gegenüber verschlossen. Er traut sich nicht, sich mit seiner Schuld Gott zu zeigen. Und so läuft er vor sich selbst davon. Die Bibel zeigt uns das in der Geschichte von Adam und Eva. Beide verstecken sich vor Gott, weil sie sich selbst nicht annehmen können, wie sie sind. Bei Kain wird das Verstecken zur Flucht. Er muss ständig vor seiner eigenen Schuld, die er durch den Mord an seinem Bruder Abel auf sich geladen hat, davonlaufen.

Die Versöhnung mit Gott ist die Bedingung, um sich selbst auszuhalten, bei sich zu bleiben, versöhnt und im Frieden mit sich zu leben. Im Menschen gibt es offensichtlich eine Instanz, die ihn ständig anklagt und ihm seine eigene Schuld vorhält. Der Mensch kann sich nicht selbst von seinen Schuldgefühlen befreien. Darum braucht er Gott, der ihn befreit von dieser inneren Instanz – in der Psychologie nennt man sie Über-Ich –, die ihn verurteilt.

Versöhnung mit Gott

Paulus hat versucht, die Befreiung von dieser inneren Instanz durch den Gedanken der Rechtfertigung allein aus dem Glauben zu ermöglichen. Wir sind von Gott bedingungslos angenommen. Das ist für Paulus die Botschaft, die wir aus dem Kreuz Jesu Christi ziehen können.

Lukas zeigt uns einen anderen Weg, wie wir frei werden können von dieser inneren Anklage. Er beschreibt, wie Jesus am Kreuz seinen Mördern vergibt: „Vater, vergib ihnen, denn sie wissen nicht, was sie tun." (Lk 23,34) Indem wir auf Jesus schauen, der selbst seinen Mördern vergibt, dürfen wir darauf vertrauen, dass es nichts an und in uns gibt, das Gott nicht vergibt. Der Blick auf Jesus entmachtet in uns den inneren Richter. Lukas verbindet das Bild Jesu, der seinen Mördern vergibt, mit dem Bild des wahrhaft gerechten Menschen, von dem der griechische Philosoph Platon in seinem Werk *Politeia* geschrieben hat. Der römische Hauptmann erkennt in diesem Jesus das Idealbild des gerechten Menschen. So bekennt er: „Wahrhaftig, dieser Mensch war ein Gerechter!" (Lk 23,47) Indem wir auf den gerechten Menschen Jesus schauen, der sich auch von den Mördern nicht aus seiner Gerechtigkeit herausdrängen lässt, werden wir selber gerecht, werden wir ausgerichtet auf Gott und offen für die Menschen, um ihnen gerecht begegnen zu können.

Wer sich selbst beschuldigt, ist immer auch in Gefahr, andere zu beschuldigen. Das Kreuz ist für Lukas eine Hilfe, sich von der eigenen Selbstbeschuldigung zu lösen und sich mit sich selbst auszusöhnen. Das ist dann auch die Voraussetzung, dass wir aufhören, andere zu beschuldigen. Wir werden fähig, auch die andern so anzunehmen, wie sie sind, weil auch sie von Gott bedingungslos angenommen sind. So ermöglicht uns der Glaube an den uns bedingungslos liebenden Gott die Versöhnung mit uns und mit anderen Menschen.

Einen anderen Weg zur Versöhnung mit Gott zeigt uns der Kolosserbrief auf. Er spricht davon, dass Gott mit seiner ganzen Fülle in seinem Sohn Jesus Christus wohnen wollte, um „durch ihn und auf ihn hin alles mit sich zu versöhnen, indem er Frieden stiftete durch sein Blut am Kreuz, sei es auf der Erde oder im Himmel." (Kol 1,20) Versöhnung mit Gott heißt, dass Gott mit seiner Fülle in dem Menschen Jesus lebt und dass er auch uns mit seinem göttlichen Leben erfüllen möchte. Dann sind wir nicht mehr getrennt von Gott, sondern eins mit ihm. Er wohnt in uns. Christus ist das Bild dieser Versöhnung. Und dieses Bild der Versöhnung wird offenbar am Kreuz. Dort hat Christus Frieden gestiftet durch sein Blut.

Wie sollen wir die Aussage des Kolosserbriefs verstehen? Das Kreuz mit der grausamen Art, einen Menschen zu ermorden, ist das, was von Gott am weitesten entfernt ist. Doch wenn Jesus am Kreuz stirbt, dann wird auch diese Gottferne von Gottes Liebe erfüllt. Das Blut Jesu ist dann Bild für diese Liebe, die am Kreuz siegt über allen Hass der Welt. Wenn Gottes Fülle auch in dem am Kreuz hängenden Jesus wohnt, dann gibt es keinen Bereich des menschlichen Lebens, der nicht erfüllt werden könnte von Gottes Fülle, von Gottes Liebe. Am Kreuz hängt Jesus zwischen Himmel und Erde. So wollte Gott alles im Himmel und auf Erden zu Christus führen. Am Kreuz wurden Himmel und Erde miteinander versöhnt, das Irdische und das Himmlische, das Weltliche und das Spirituelle, Geist und Natur.

Die Versöhnung mit Gott geht für den Theologen Eduard Lohse darum weit über die Versöhnung mit den Menschen hinaus. Er deutet diese Versöhnung so: „Das All ist versöhnt worden, indem durch die Auferstehung und Erhöhung Christi Himmel und Erde wieder in ihre durch Gottes Schöpfung bestimmte Ordnung zurückgebracht worden sind."[18] Nicht nur die Menschen sind mit Gott versöhnt worden, sondern der ganze Kosmos, Himmel und Erde. Das ist zugleich ein Bild für die Versöhnung, die in uns selbst geschieht. Am Kreuz wurde auch in uns alles miteinander versöhnt, was himmlisch und irdisch ist. Da sind wir nicht mehr gespalten, nicht mehr beherrscht von irgendwelchen Mächten. Da wird durch Gottes Fülle, die in uns wohnt, alles miteinander eins. Am Kreuz werden wir eins mit Gott und durch Gott auch eins mit uns selbst und mit der gesamten Schöpfung.

III
Vorbilder der Versöhnung

Jakob und Esau
Josef und seine Brüder
Die Gemeinde in Antiochien
Saul und David – gescheiterte Versöhnung

Vorbilder unserer Zeit

Jakob und Esau

Die Bibel kennt viele Versöhnungsgeschichten. Wenn wir diese Geschichten meditieren, wächst in uns die Hoffnung, dass auch heute Versöhnung möglich ist. Die alten Geschichten wollen uns nicht nur Vergangenheit erzählen, es sind vielmehr archetypische Geschichten, die uns ein Bild zeichnen wollen, wie heute Versöhnung gelingen kann.

Eine berühmte Versöhnungsgeschichte ist die Erzählung von Jakob und Esau. Die beiden Brüder waren grundverschieden. Esau als der ältere Bruder ist der erdhafte, kräftige Mann. Jakob ist der schlaue Mensch, der seinen Bruder austrickst und ihm zuerst das Erstgeburtsrecht abkauft und sich dann den Segen erschleicht, der nur einmal dem Erstgeborenen gespendet werden kann. Esau will sich rächen und seinen Bruder umbringen. Jakob bekommt Angst und flieht vor seinem Bruder. In der Fremde arbeitet er dann bei Laban, dem Bruder seiner Mutter, um als Lohn dessen Tochter Rahel zu bekommen. Laban trickst ihn jedoch aus und lässt ihn in der Dunkelheit mit der weniger schönen Tochter Lea schlafen. Zuletzt rächt sich Jakob und nimmt durch einen weiteren Trick seinem Schwiegervater Laban zwei Drittel seines Besitzes weg und macht sich auf den Weg nach Hause. Doch auf einmal bekommt er Angst, als ihm gemeldet wird, dass sein Bruder Esau ihm entgegenzieht. Er denkt, Esau komme mit seinen vierhundert Mann, um gegen ihn zu kämpfen und ihn zu töten. In dieser Situation bringt Jakob seine Frauen und Kinder und seinen ganzen Besitz über die Furt des Jabbok. Er allein bleibt zurück. In dieser Nacht tritt ihm ein dunkler Mann entgegen und kämpft mit ihm. Es ist nicht klar, ob es ein Engel Gottes ist

Vorbilder der Versöhnung

oder Gott selbst oder ein Feind. Jakob stellt sich dem Kampf. Er will den andern nicht loslassen, bevor er ihn nicht gesegnet hat. (Gen 32,27) Gott segnet Jakob und gibt ihm einen neuen Namen: Israel, weil er mit Gott selbst gestritten hat.

Man kann diese seltsame und dunkle Geschichte so verstehen, dass Jakob seinem eigenen Schatten begegnet ist. Er ist ihm nicht mehr ausgewichen. Esau steht für den Schatten des Jakob. Jetzt, da Jakob seinem eigenen Schatten begegnet ist und sich mit ihm ausgesöhnt hat, ist er auch fähig, sich mit seinem Bruder Esau auszusöhnen. Er zieht ihm entgegen und wirft sich siebenmal vor seinem Bruder nieder. „Esau aber eilte ihm entgegen, umarmte ihn, fiel ihm um den Hals und weinte." (Gen 33,4) So versöhnen sich die Brüder. Sie ergänzen sich gegenseitig, anstatt sich weiterhin zu bekämpfen.

Die Geschichte gibt auf zwei Fragen Antwort: Erstens: Wie kann Versöhnung gelingen? Zweitens: Was bringt die Versöhnung? Auf die erste Frage antwortet die Geschichte: Versöhnung mit dem Feind ist nur möglich, wenn ich mich zuerst mit dem Feind in mir selbst versöhne. Der Feind ist für mich ein Spiegel, in dem ich mich selbst mit meinen Schattenseiten erkennen kann. Daher ist die erste Aufgabe, mich mit meinen Schattenseiten auszusöhnen. Das ist die Bedingung dafür, dass dann auch die Versöhnung mit dem Feind oder mit dem, der meinen Schatten repräsentiert, möglich wird.

Auf die Frage „Was bringt Versöhnung?" könnte man so antworten: Jakob hat erkannt, dass er allein mit seiner Familie nicht ankommt gegen seinen Bruder Esau, der ihm mit 400 Mann entgegenkommt, offensichtlich in feindlicher Absicht. Und er erkennt, auch dann, wenn er vor seinem Bruder flieht, wird er nie im Frieden leben können.

Sein Leben wird ständig bedroht sein von seinem unversöhnten und feindlichen Bruder, der sich an ihm rächen möchte. Es war also durchaus auch eine vernünftige Überlegung, dass Jakob sich innerlich für die Versöhnung bereitet. Die Vorbereitung geschieht einmal durch die Begegnung mit seinem Schatten, zum andern, indem er seinem Bruder freundlich begegnet und sich siebenmal vor ihm niederwirft. Er zeigt dem Bruder seine eigene Ohnmacht und er bekennt mit seinem demütigen Verhalten, dass er den Bruder schätzt, dass er sein altes Verhalten, sich über ihn zu stellen, aufgegeben hat. Und vielleicht bedeutet es auch, dass er seine Schuld eingesteht. Indem er den Bruder achtet, anstatt ihn auszutricksen, wird Versöhnung möglich. Jakob macht sich durch sein Verhalten nicht klein. Er hat erkannt, dass Versöhnung der einzige Weg ist, um mit seinem Bruder einträchtig zu leben und so in Zukunft sein Leben in Frieden und Wohlstand verbringen zu können.

Josef und seine Brüder

Die zweite Versöhnungsgeschichte ist die zwischen Josef und seinen Brüdern. (Gen 37–50) Josef ist der Lieblingssohn von Jakob. Das ärgert die Brüder. So beschließen sie, ihn zu töten, als der Vater ihn mit einem Korb voller Nahrung zu ihnen schickt, die das Vieh ihres Vaters auf dem Feld bei Sichem weiden. Doch Ruben möchte ihn aus ihrer Hand retten. So töten sie ihn nicht, sondern werfen ihn in eine trockene Zisterne. Als dann eine Karawane von Kaufleuten vorbeikommt, ziehen sie ihn aus der Zisterne und verkaufen ihn für zwanzig Silberstücke an die Kaufleute, die Josef nach Ägypten bringen und dort als Sklaven weiterverkaufen. Doch Gott fügt es so, dass Josef zuerst bei seinem Dienstherrn beliebt ist, sich dann im Gefängnis beliebt macht und schließlich die Träume der Mitgefangenen deutet. Als der Pharao seine beiden Träume nicht deuten kann und auch die Traumdeuter Ägyptens nichts mit diesen Träumen anzufangen wissen, holt der Beamte, der mit Josef gemeinsam im Gefängnis war, Josef aus dem Gefängnis. Er deutet die Träume des Pharaos. Daraufhin setzt ihn der Pharao als Verwalter über ganz Ägypten ein. Er lässt den Überschuss an Getreide in den ersten sieben Jahren in großen Scheunen lagern, sodass die Menschen die nächsten mageren Jahre genügend Vorrat haben. Weil Jakob und seine Söhne in ihrem Land unter der Dürre leiden und nichts mehr zu essen haben, schickt Jakob seine Söhne nach Ägypten. Sie kommen zu Josef. Josef erkennt in den fremden Männern seine Brüder, doch er gibt sich ihnen nicht zu erkennen. Er lässt sie mit den Säcken voller Weizen zurückfahren. Aber er trägt ihnen auf, sie sollten das nächste Mal ihren jüngsten Bruder, Benjamin, mitbringen, den Josef noch nicht kennt. Vor Josef sprechen sie untereinander über ihre Schuld an ihrem Bruder. Doch Josef tut so, als ob er nur Ägyptisch spräche. Als sie beim zweiten Mal zu Josef kommen, gibt er sich zu erkennen. Und sie versöhnen sich miteinander. Josef kann sich mit seinen Brüdern versöhnen, weil er gehört hat, dass sie ihre Schuld einsehen und bereuen. Er richtet seine Brüder auf, die völlig durcheinandergeraten sind, als sie ihren Bruder erkennen: „Ich bin Josef, euer Bruder, den ihr nach Ägypten verkauft habt. Beunruhigt euch jetzt aber nicht und macht euch keine Vorwürfe darüber, dass ihr mich hierher verkauft habt. Denn um euch das Leben zu erhalten, hat Gott mich vorausgesandt." (Gen 45,4f.)

Das Unrecht, das die Brüder Josef angetan haben, war sehr groß. Zuerst wollten sie ihn umbringen, dann haben sie ihn als Sklaven verkauft. Doch der Hunger, den sie litten, hat sie wieder zu Josef geführt. Und nach einigen Proben, die Josef den Brüdern stellt, versöhnt er sich mit ihnen. Diese Geschichte gibt uns die Hoffnung, dass selbst das größte Leid, das wir einem andern zufügen, verwandelt werden kann, wenn Versöhnung geschieht.

Auch diese Geschichte antwortet auf die beiden Fragen: Erstens: Wie kann Versöhnung gelingen? Zweitens: Was bringt die Versöhnung? Die Versöhnung kann nur gelingen, wenn die Schuldigen ihre Schuld einsehen und bereuen. Es braucht die Konfrontation mit der eigenen Schuld, mit dem, was sie dem andern angetan haben.

Auf die Frage „Was bringt Versöhnung?" antwortet die Geschichte: Es tut den Brüdern nicht gut, ständig mit dem schlechten Gewissen zu leben, dass sie ihren Bruder verraten und verkauft haben. Sie kommen mit sich nur ins Reine, wenn sie vor dem, den sie verletzt haben, ihre Schuld eingestehen. Die Versöhnung wird gefeiert, indem Josef sie festlich bewirtet. Dann lädt er sie ein, mit ihrem Vater und all ihrem Besitz nach Ägypten zu kommen, einem Land, das ihnen mehr Wohlstand schenkt als ihre Heimat. Wo Versöhnung geschieht, entstehen für uns neue Möglichkeiten des Lebens, da kann etwas Neues aufblühen.

Die Gemeinde in Antiochien

Die dritte Versöhnungsgeschichte erzählt uns Lukas in der Apostelgeschichte. In der Gemeinde von Antiochien entstand ein heftiger Streit über die Frage, ob die Heiden, die zum Glauben gekommen sind, sich beschneiden lassen und das jüdische Gesetz in allen Einzelheiten erfüllen müssen. Paulus und Barnabas ziehen nach Jerusalem und erzählen den Aposteln, was Gott an den Heiden gewirkt hat. Einige aus dem Kreis der Pharisäer, die gläubig geworden sind, fordern lauthals: „Man muss sie beschneiden und von ihnen verlangen, dass sie am Gesetz des Mose festhalten." (Apg 15,5) Daraufhin berufen die Apostel eine Versammlung – ein Konzil – ein und beraten diese Frage. Zuerst tritt Petrus auf, der erzählt, wie der Heilige Geist durch ihn beim Heiden Cornelius und seiner Familie gewirkt hat. Dann tritt Jakobus, der als strenger Judenchrist gilt, auf und zitiert aus den Propheten Amos und Jeremias, die beide davon sprechen, dass Gott auch den Heiden den Weg zum Heil öffnen wird. Dann einigen sich die Apostel auf drei Vorschriften, die die Heidenchristen befolgen sollen. Sie schreiben einen Brief an die Gemeinden und verkünden ihnen das Ergebnis des Apostelkonzils. Die Christen in Antiochia freuen sich über diesen Brief und die Ermutigung, ihren Weg gut weiterzugehen.

Lukas zeigt uns einen Weg der Versöhnung für Konflikte, in denen sich zwei Parteien bekämpfen, weil jede Partei meint, sich auf Gott berufen zu können und daher Recht zu haben. Die Versöhnung gelingt, indem die Vertreter der verschiedenen Richtungen ihre Meinung vortragen, indem sie miteinander über die Anliegen und Interessen sprechen und dann eine Lösung finden, die von allen akzeptiert wird. Auf diese Weise vermag die Kirche, die aus Judenchristen und Heidenchristen besteht, friedlich miteinander zu leben. Und die Versöhnung ist die Bedingung, dass die Kirche großen Zulauf erfährt und sich auf der ganzen Welt ausbreiten kann. Allerdings hat diese offiziell erfolgte Versöhnung nicht durchweg gehalten. Es gab weiterhin Konflikte zwischen Judenchristen und Heidenchristen. Davon erzählt sowohl Lukas in der Apostelgeschichte als auch Paulus in seinen Briefen.

Saul und David – gescheiterte Versöhnung

Die biblischen Geschichten sind Bilder, die uns zeigen, wie Versöhnung gelingt. Sie wollen sich in uns einbilden und unsere Hoffnung stärken, dass wir heute durch diese Bilder Wege der Versöhnung finden. Aber die Bibel erzählt uns auch Geschichten, in denen Versöhnung nicht gelingt.

Da ist die Geschichte von Saul und David. Saul ist eifersüchtig auf David, weil das Volk seinen Sieg über Goliath stürmisch feiert. Je mehr David vom Volk von da an gefeiert und geliebt wird, desto größer wird Sauls Hass auf David. Saul selber litt offensichtlich an Depressionen. Die Bibel nennt es einen bösen Gottesgeist, der immer wieder über Saul kam. (1 Sam 18,10ff.) David besänftigt Saul dann immer, indem er auf der Harfe spielt. Saul braucht David, um seine Depression zu überwinden. Aber zugleich will er ihn töten und schleudert zweimal den Speer auf David, der jedoch immer ausweichen kann. Später versucht Saul erfolglos, David durch eine List loszuwerden. Schließlich verfolgt Saul ihn und will ihn töten. Zweimal bekommt David die Gelegenheit, Saul heimlich zu töten. Doch David schont seinen Feind. Er ist mit Saul versöhnt. Saul überwindet seinen Hass gegen David jedoch nicht, auch wenn er nach seiner Verschonung zu David sagt: „Du bist besser als ich; denn du hast mir Gutes erwiesen, während ich dir Böses tat." (1 Sam 24,18) Seine Eifersucht und sein Neid auf David machen es ihm unmöglich, sich mit David zu versöhnen. So fällt er im Kampf gegen die Philister. David selbst ist versöhnt mit Saul. Als Saul in der Schlacht gegen die Philister fällt, singt David ihm ein ergreifendes Totenlied. (2 Sam 1,19ff.)

Trotz der Versöhnungsbereitschaft auf Seiten Davids gelingt die Versöhnung zwischen ihm und Saul nicht, weil Saul neidisch und eifersüchtig ist und weil er immer wieder von depressiven Stimmungen heimgesucht wird. Es ist also etwas Krankhaftes in ihm. Wenn wir uns von den Emotionen wie Neid und Eifersucht leiten lassen, sind wir unfähig zur Versöhnung. Und psychische Krankheiten hindern uns oft daran, mit anderen Menschen vernünftig und versöhnend umzugehen. Diese Unfähigkeit zur Versöhnung erkennen wir heute an Politikern, die an Minderwertigkeitskomplexen leiden und daher ihre Macht missbrauchen, um andere kleinzumachen. Neurotische Symptome spalten diese Menschen und führen dann zur Spaltung ganzer Länder und der Nationen untereinander.

Vorbilder unserer Zeit

Unsere Hoffnung auf Versöhnung wird nicht nur durch biblische Geschichten, sondern auch durch geschichtliche Erfahrungen gestärkt. Da ist einmal die Versöhnung zwischen Weißen und Schwarzen in Südafrika. Weil Nelson Mandela nach 27 Jahren Gefängnis bereit war, seinen Peinigern zu vergeben, wurde der Weg zur Versöhnung zwischen Weißen und Schwarzen möglich. Mandela sorgte für einen sanften Übergang und rief immer wieder zur Versöhnung auf. Die Katholiken und Protestanten, die sich in Nordirland jahrelang bekämpft haben, sind Schritte aufeinander zugegangen.

Dass die Mauer 1989 zwischen Ost- und Westdeutschland ohne Gewalt fiel, erlebten viele als ein Wunder. Der Fall der Mauer wurde durch die friedlichen Montagsdemonstrationen eingeleitet, zu der der evangelische Pfarrer Christian Führer jeweils nach dem Friedensgebet in der Nikolaikirche einlud. Es war eine Demonstration mit Kerzen und ohne Waffen und ohne Gewalt. So hat letztlich das Gebet den Mauerfall bewirkt. Doch die Erfahrungen, die die Menschen im Osten und Westen mit der Wiedervereinigung machten, zeigen, dass es nicht so schnell geht und es nicht einfach ist, Menschen nach so vielen Jahrzehnten wirklich miteinander zu versöhnen. Alte Vorurteile hindern die Menschen in Ost und West immer wieder, einander zu verstehen und einander anzunehmen. Das Erstarken der AfD im Osten ist Ausdruck dafür, dass viele Menschen im Osten das Gefühl haben, nicht gehört und nicht ernst genommen zu werden. Es braucht lange Zeit, bis die Versöhnung wirklich in den Herzen ankommt und alle Vorurteile und Ressentiments zwischen den Menschen überwindet.

Die Geschichte zeigt uns auch, dass manchmal die Gelegenheit zur Versöhnung verpasst wird. Der ägyptische Staatspräsident Anwar as-Sadat und der israelische Staatschef Menachem Begin schlossen im Rahmen der Camp-David-Verhandlungen miteinander einen Friedensvertrag. Der Friedensvertrag weckte in aller Welt die Hoffnung, dass die jahrelang verfeindeten Lager zwischen Israelis und Arabern sich versöhnen und miteinander in Frieden leben können. Doch Anwar as-Sadat wurde von radikalen Leuten aus seinem eigenen Volk ermordet.

Vorbilder der Versöhnung

Durch den Mord wurde ein entscheidender Augenblick in der Geschichte, in dem Versöhnung möglich war, verpasst und die Hoffnung auf Versöhnung begraben. Die ganze Welt wird weiterhin in Atem gehalten durch den ständig schwelenden Konflikt zwischen Israelis und Arabern.

In den letzten Jahren erstarkten nationalistische Strebungen in vielen Ländern. Und autoritäre Regierungen bestärken diese Bestrebungen und verhindern damit Versöhnung. Auf diesem Weg wurde die Versöhnung zwischen Russen und Ukrainern, zwischen Russland und Europa, zwischen der Türkei und der EU boykottiert. Trotzdem braucht es die Hoffnung, dass sich diese Konflikte lösen lassen. Wir spüren gerade jetzt im Ukrainekrieg, wie die ganze Welt in Mitleidenschaft gezogen wird. Die Lebensmittelpreise steigen und führen dazu, dass arme Länder noch mehr an Hunger leiden. Die Steigerung der Energiepreise führt in Europa zu einer starken Erhöhung der Lebenshaltungskosten, die viele Menschen auch in Europa in die Armut führen werden und die gesamte wirtschaftliche Entwicklung bremsen.

Umso mehr sehnen wir uns nach Menschen wie Nelson Mandela oder Gandhi, wie Sadat oder Begin, die den Mut hatten, die alten Fronten zu verlassen und auf die verfeindeten Gruppen zuzugehen. Da sind nicht nur die Politiker gefragt, sondern alle, die Verantwortung tragen in der Gesellschaft, aber letztlich alle Bürgerinnen und Bürger. Denn sie sollen die Politikerinnen und Politiker wählen, die bereit sind, Versöhnungswege zu gehen.

IV
Die Früchte der Versöhnung

Frieden
Freiheit
Vertrauen
Verbundenheit
Kreativität
Gerechtigkeit
Harmonie
Mut
Hoffnung

Was bewirkt Versöhnung?

Versöhnung darf nicht verzweckt werden. Sie ist ein Wert in sich selbst. Doch auch wenn wir das akzeptieren, dürfen wir trotzdem fragen, was die Versöhnung uns und der Gesellschaft bringt, was die Früchte sind, die aus der Versöhnung heraus für uns und für die Gesellschaft wachsen. Es geht um die Frage, ob aus der Versöhnung heraus etwas in uns wächst. Wenn ich mich mit einem Menschen versöhne, habe ich mich dann innerlich weiterentwickelt? Bin ich dann spirituell gereift? Habe ich mich verwandelt? Wenn wir auf diese Erfahrungen schauen, die wir mit der Versöhnung machen, können wir von Früchten sprechen, die aus der Versöhnung wachsen. Das Bild der Früchte hindert uns daran, die Versöhnung moralisierend einzuklagen. Sie laden uns vielmehr ein, für die Versöhnung zu werben. Denn wir spüren, dass nicht nur uns, sondern allen die Versöhnung guttut und für alle Segen bringt.

Was Versöhnung bewirken kann, beschreibt der deutsche Lyriker Peter Huchel eindrucksvoll in seinem Gedicht „Die Versöhnung":

„Als wir jung auferstanden und zu uns gelangten,
durch Gassen schritten voller Schrei und Qualen,
da ahnten wir, wie arme Menschen bangten
vor diesem Überfluß in unsern Schalen.

Die Brüder fühlten dunkel sich verloren
und weinten, als aus unserer Gebärde
Versöhnung strahlte, tief in uns geboren.
Verzückte knieten sie hin auf die Erde!

Die Früchte der Versöhnung

Wir aber gossen Licht aus unsern Händen
auf jene aus, die nur sich scheu verschwiegen.
Da schrie Gott auf, es bebten seine Lenden:
er sah sich selbst auf allen Knien liegen!

Verbrüdert waren wir und nicht mehr einsam.
Wir fanden uns tief wieder und zerbrachen.
An ein versöhntes Ufer schwammen wir gemeinsam,
die Wälder blühten und die Tiere sprachen."[19]

Peter Huchel beginnt sein Gedicht mit der Diskrepanz zwischen Arm und Reich. Doch er nennt die Armen Brüder, die sich verloren fühlen in dieser Welt, deren Glanz an ihnen vorbeigeht. Doch dann erleben sie die Gebärde der Versöhnung vonseiten der Reichen. Da weinen sie und knien nieder. Das hätten sie nicht erwartet. Gott selbst kniete nieder, weil hier das Wunder der Versöhnung zwischen armen und reichen Menschen geschah. Jetzt sind alle verbrüdert, keiner fühlt sich mehr allein. Jetzt bricht eine neue Zeit an. Gemeinsam schwimmen sie an ein versöhntes Ufer. Die Natur um sie herum wird verwandelt, weil Menschen sich miteinander versöhnen. Die Wälder blühen und die Tiere sprechen. Jetzt geschieht Versöhnung zwischen Menschen und der Natur, zwischen Menschen und Tieren, zwischen Menschen und Pflanzen. Und alle blühen auf: Menschen, die Wälder und die Tiere. Das ist die Frucht der Versöhnung, dass nicht nur die Menschen aufblühen, sondern die Natur um sie herum. Nach so einer Versöhnung sehnen wir uns alle. Dichter wie Peter Huchel haben den Mut, uns die Utopie einer solchen Versöhnung zu beschreiben, in der Hoffnung, dass das Bild der Utopie in uns versöhnend wirkt.

Dichter beschreiben die Früchte der Versöhnung in Bildern. Ich möchte sieben Werte beschreiben, die der Versöhnung entspringen. Werte sind – wie die Lateiner sagen – *virtutes*, das heißt Kraftquellen, aus denen wir für uns und unser Miteinander neue Kraft schöpfen können. Oder wie das griechische Wort *arete* zum Ausdruck bringt: Werte befähigen den Menschen zu einem guten und glücklichen Leben. Und wie die deutsche Sprache weiß: Werte machen das Leben wertvoll. Die Werte sind gleichsam Früchte, die aus der Versöhnung wachsen. Sieben ist die klassische Zahl der Verwandlung. Die Früchte der Versöhnung verwandeln den Einzelnen, das Miteinander von Personen und Gruppen und Völkern.

Frieden

Wo Versöhnung geschieht, entsteht Frieden. Frieden ist mehr als ein Waffenstillstand. Das griechische Wort für Frieden *eirene* kommt aus der Musik. Es meint, dass die verschiedenen Töne innerhalb einer Gesellschaft zusammenklingen: die lauten und die leisen, die hohen und die tiefen. Jeder Ton hat sein Recht. Er wird nicht unterdrückt. Aber er ordnet sich ein in das Zusammenklingen einer Symphonie. Das deutsche Wort für Frieden hängt zusammen mit Freiheit und Freundschaft. Frieden entsteht nur dort, wo wir uns als Freunde erfahren, wo Fremde zu Freunden werden. Das lateinische Wort für Frieden, *pax*, bezieht sich auf die Verhandlungen und auf das Gespräch miteinander. Frieden entsteht nur, wenn wir bereit und fähig sind, miteinander zu sprechen, aufeinander zu hören, sodass ein Gespräch stattfinden kann.

Die Früchte der Versöhnung

Dort, wo ein wirkliches Gespräch gelingt, entsteht Frieden.

Frieden ist kein aufgezwungener Friede, wie es der militärische Friede des Kaisers Augustus war, der als Friedenskaiser galt. Der Evangelist Lukas hat gegenüber dem gewaltsam durchgesetzten Frieden des Augustus den Frieden beschrieben, der durch die Geburt Jesu auf der Erde entstand. Dieser Friede kam von Gott und er wurde uns Menschen angeboten, wenn wir uns von der Liebe des göttlichen Kindes anstecken lassen. Es ist ein Friede, der aus der Liebe eines machtlosen Kindes strömt. Und es ist der Friede, der dadurch entsteht, dass die ganze Welt, die Natur und die Menschen in der Menschwerdung Gottes von göttlichem Geist erfüllt und durchdrungen werden. Gott selbst schafft diesen Frieden, indem er alles, auch das Gegensätzliche in uns und in der Welt mit seiner Liebe durchdringt.

In Europa haben wir alle den Frieden genossen, der nach dem Zweiten Weltkrieg 75 Jahre lang gehalten hat. Und wir sind verunsichert und schockiert, dass dieser Friede durch den Krieg in der Ukraine gebrochen wurde. Wir fühlen uns alle bedroht. Frieden schafft eine Atmosphäre, die uns guttut, in der wir voller Vertrauen leben können. Unfrieden erzeugt immer eine Spannung, die uns oft genug auseinanderreißt und die uns auf Dauer überfordert. Daher sehnen wir uns nach Frieden zwischen den Völkern, aber auch nach Frieden in den Familien und in unserer Gesellschaft. Eine Familie, die im Unfrieden miteinander lebt, macht es den einzelnen Mitgliedern schwer. Der Unfrieden raubt ihnen Energie und hindert sie daran, sich mit ganzer Kraft auf ihre Arbeit und ihr Leben einzulassen. Der Unfriede kostet viel Kraft und lähmt sowohl die Eltern wie die Geschwister. Wenn die Familie durch die Versöhnung wieder in Frieden leben kann, kann vieles in den einzelnen Mitgliedern aufblühen und sie können sich mit Freude dem eigenen Leben widmen.

Freiheit

Dort, wo Versöhnung herrscht, fühlen sich die Menschen frei. Unversöhnte Menschen kreisen ständig um die Menschen, die ihnen als Feinde gelten. Sie lassen ihr Leben bestimmen von denen, die sie verletzt haben oder die sie bekämpfen, weil sie sie als Feinde betrachten. Die Freiheit lässt den Einzelnen aufatmen. Die Versöhnung befreit sie von der Last der Vergangenheit. Unversöhnte Menschen tragen weiterhin die Last der Vergangenheit, die Last des Unrechts, das an ihnen geschehen ist, die Last der Erniedrigung, die Last der verletzenden Erfahrungen. Die Versöhnung befreit uns von der Vergangenheit. Wir stehen nicht mehr unter dem Wiederholungszwang.

Sigmund Freud spricht vom Wiederholungszwang im Blick auf den einzelnen Menschen. Wer die Verletzungen der Kindheit nicht anschaut, ist in Gefahr, sie zu wiederholen. Eine Frau, die als Mädchen von ihrem Vater entwertet worden ist, gerät immer wieder an Männer, die sie in ähnlicher Weise entwerten. Sie meint, es sei wie ein Fluch. Von der Psychologie Freuds her ist es verständlich. Sie muss sich der Entwertung durch den Vater stellen und sich damit aussöhnen. Dann wird sie frei von diesem Zwang, immer wieder an die falschen Männer zu geraten.

Der Wiederholungszwang gilt aber auch für die Gesellschaften. Eine Gesellschaft, die sich nicht mit ihrer Vergangenheit aussöhnt, wiederholt die Verhaltensmuster der Vergangenheit. Daher ist es entscheidend für die wirkliche Versöhnung, dass man die Vergangenheit genau erforscht und sich den Mustern der Vergangenheit stellt. Was war die Ursache vergangener Kriege, vergangener Krisen, vergangener Katastrophen? Wer die Vergangenheit nicht kennt, der wiederholt sie. Das erleben wir heute in unserer Gesellschaft. Menschen verschiedenen Alters, die sich nicht darum bemühen, die deutsche Vergangenheit wirklich anzuschauen und an dem Unrecht zu leiden, das ihre Väter andern Völkern angetan haben, wiederholen die Parolen der Nazis.

In einer unversöhnten Umgebung kann man nicht frei aufatmen. Man hat ständig Angst, von unversöhnten Menschen angegriffen und beschimpft zu werden. Wir stehen unter Zwang, uns verteidigen zu müssen. Und wir haben ständig Angst, etwas Persönliches zu sagen, weil es uns falsch ausgelegt werden kann. Wir sind nicht frei, das auszusprechen, was wir fühlen. Es gibt dann immer Menschen, die sich von uns angegriffen fühlen, weil wir etwas ansprechen, mit dem sie sich selbst nicht ausgesöhnt haben. Wenn wir versöhnt sind mit uns selbst, fühlen wir uns frei von dem Druck, uns ständig rechtfertigen zu müssen. Wir sind einfach da. Wir erleben die Freiheit des reinen Seins. Versöhnung ist die Bedingung, uns innerlich und äußerlich frei zu fühlen.

Vertrauen

Wo Versöhnung geschieht, entsteht Vertrauen zwischen den Menschen. Wenn eine Ehefrau und ein Ehemann die Fehler ihrer Vergangenheit ehrlich anschauen und sich damit versöhnen, entsteht Vertrauen: Der Ehemann vertraut wieder seiner Ehefrau und die Frau vertraut wieder ihrem Mann. Das Vertrauen zwischen den Ehepartnern bekommt nach der Versöhnung eine neue Qualität. Beide Partner wissen auch um die Gefährdung des Vertrauens. Umso dankbarer erleben sie das Vertrauen und versuchen, es als ein kostbares Gut zu schützen.

Durch die Versöhnung wächst das Vertrauen zwischen Arbeitgebern und Arbeitnehmern. Dort, wo Vertrauen in der Firma herrscht, können die Menschen besser miteinander arbeiten und werden auch bessere Ergebnisse für die Firma erzielen. Durch die Versöhnung wächst auch das Vertrauen zwischen den verschiedenen Parteien und Gruppierungen und zwischen den Völkern. Nach dem Zweiten Weltkrieg standen sich die politischen Parteien viel feindseliger gegenüber als heute. Heute sind Koalitionen mit verschiedenen Parteien möglich. Nur den ganz rechten und ganz linken Parteien traut man nicht zu, dass sie sich ehrlich auf die anderen Parteien einlassen. Auch die Menschen in Frankreich und Deutschland vertrauen einander. Es gibt viele Austauschprogramme, z. B. zwischen Schülern deutscher und französischer Schulen. Viele Deutsche fahren nach Frankreich in den Urlaub und haben französische Freunde. Die Versöhnung zwischen den Völkern hat ein unkompliziertes Verhältnis zwischen den Menschen bewirkt, ein Vertrauen, das Freundschaften entstehen lässt.

Versöhnung schafft auch Vertrauen im täglichen Leben. Wenn ich mit dem Gefühl in den Supermarkt gehe, dass die Menschen mit sich in Einklang sind, dann gehe ich unbeschwert und vertrauensvoll in den Supermarkt. Wenn ich jedoch damit rechnen muss, dass unversöhnte

Menschen bei jeder Kleinigkeit ausrasten und mich beschimpfen, dann gehe ich schon mit einer inneren Abneigung und oft genug unter Spannung zum Einkaufen.

Versöhnung ist die Bedingung für das Vertrauen zu anderen Menschen. Wenn ich mit unversöhnten Menschen zusammen bin, kann kein Vertrauen wachsen. Denn der unversöhnte Mensch ist unfähig, sich auf den andern einzulassen. Er projiziert ständig das, was er bei sich nicht angenommen hat, auf den andern. Er begegnet nicht dem andern, sondern nur dem Menschen, den er durch die Brille seiner Projektionen wahrnimmt. Er legt den andern fest auf das Bild, das er sich von ihm gemacht hat. So kann keine vertrauensvolle Beziehung entstehen.

Verbundenheit

Die Versöhnung löst die Spaltung zwischen Menschen und die Spaltungen in der Gesellschaft und zwischen den Völkergruppen auf. Sie schafft eine neue Verbundenheit. Nach Verbundenheit sehnen sich heute alle Menschen. Wer sich verbunden fühlt, fühlt sich nicht allein. Und er fühlt sich getragen von den Menschen, mit denen er sich verbunden fühlt. Die Verbundenheit tut der Seele des einzelnen Menschen gut, aber auch der Atmosphäre in einer Gesellschaft und in der Welt. Die Verbundenheit ermöglicht es uns, gemeinsame Lösungen für die Probleme der Zukunft zu suchen, etwa in der Klimapolitik, in der Flüchtlingspolitik. Die großen Probleme der Menschheit lassen sich nur durch Verbundenheit lösen und nicht durch ein Gegeneinander.

In der Tiefe unserer Seele sind wir mit allen Menschen auf der Erde verbunden. Es geht darum, dass wir uns dieser Verbundenheit bewusst werden. Dann relativieren sich die Konflikte. Sie spalten uns nicht mehr. Wir verdrängen weder Konflikte noch die Differenzen in unserer Lebensanschauung. Wir halten die Differenzen aus, ohne uns zu spalten, weil wir uns in der Tiefe verbunden fühlen. Der Franziskaner Richard Rohr meint, wir müssten nicht *„perfect but connected"* sein, nicht perfekt, sondern verbunden. Wo wir uns verbunden fühlen, versuchen wir auch, miteinander nach Wegen zu suchen, wie wir in dieser Welt auf Dauer leben können. Wir lassen die Konflikte nicht eskalieren, sondern schauen sie an aus diesem Gefühl, dass wir trotz aller Konflikte miteinander verbunden sind.

In einer Gesellschaft, in der sich die Menschen miteinander verbunden fühlen, herrscht eine Atmosphäre, die den Menschen guttut. Meinungsforscher fragen danach, in welchen Ländern die Menschen am glücklichsten sind. Das Ergebnis ist eindeutig: Dort, wo sich die Menschen verbunden fühlen, ist auch die Zufriedenheit mit dem eigenen Leben am höchsten. Dort gibt es weniger soziale Spannungen.

Kreativität

Wo Verbundenheit ist, entsteht Kreativität. Gehirnforscher haben festgestellt, dass bei Kindern, die sich verbunden fühlen mit ihren Eltern und Geschwistern, im Gehirn die kreativsten Verbindungen entstehen. Das Gehirn des Kindes ist ja noch offen für viele Verbindungen. Dort, wo Verbundenheit herrscht, werden die besten Synapsen geschaffen, die für die Kreativität des Kindes zuständig sind. Das gilt auch für Firmen und Länder. In einer Firma, in der sich die Mitarbeiter verbunden fühlen, herrscht ein Klima der Kreativität. Die Angestellten haben Lust, nach neuen Lösungen zu suchen. Dort, wo Angst herrscht, entsteht nicht Kreativität, sondern höchstens Betrug, wie das Beispiel des Diesel-Skandals bei VW gezeigt hat. Dort standen die Mitarbeiter unter Druck. Die Firmenleitung hatte ein Klima der Angst erzeugt. Diese Angst war letztlich schuld daran, dass Mitarbeiter Betrugslösungen entwickelten.

Was von Einzelnen und Firmen gilt, gilt auch für die Gesellschaft und für die Völker. Nur dort, wo Verbundenheit herrscht, entsteht Kreativität. Alfred Delp schreibt als Gefangener im Jahre 1944 in seiner Meditation über die Pfingstsequenz „Veni sancte spiritus" vom unschöpferischen Geschlecht: „dass auf einmal einem ganzen Volk, einer ganzen Generation nichts Gescheites mehr einfällt, weder im praktischen Erkennen noch in der Gestaltung, weder in der Kunst noch in der Politik, weder in der Philosophie noch in der Theologie noch in der Religiosität." (Alfred Delp, Gesammelte Schriften, Band 4, Frankfurt 1984, 288) Delp hat diese Erkenntnis in einem totalitären Staat gewonnen. Totalitäre Staaten erzeugen ein Klima der Angst. Und in so einem Klima entsteht keine Kreativität. Die Versöhnung ist die Voraussetzung, dass in einem Volk wieder neue Ideen entstehen. Das gilt für die Philosophie und Theologie, das gilt für die Naturwissenschaft und für die Technik. Und es gilt auch für die Kultur. Wenn wir in die Geschichte schauen, so waren die Zeiten, in denen Frieden herrschte, in denen die Menschen aus verschiedenen Völkern miteinander versöhnt waren, auch die kulturell fruchtbarsten Zeiten.

Die Kreativität ist heute auch in der Leitung von Firmen gefragt. Früher war der eine gute Führungskraft, der die nächsten zehn Jahre vorausplante. Heute verändert sich die Welt so schnell, dass eine langfristige Planung nicht mehr möglich ist. Umso wichtiger sind kreative Lösungen. Das gilt auch für die Politik. Die alten Gesetze, die jahrelang die Politik bestimmt haben, gelten nicht mehr. Da braucht es Kreativität, um angemessen auf die immer wieder neu hereinbrechenden Situationen aufgrund des Klimawandels, aufgrund von Pandemien und aufgrund von unvorhergesehenen kriegerischen Konflikten zu reagieren.

Gerechtigkeit

In der Bibel heißt es: „Was ein Mensch sät, das wird er auch ernten" (Gal 6,7) Wer also Gerechtigkeit sät, wird Frieden ernten. Gerechtigkeit und Frieden bedingen sich gegenseitig. Wo die Menschen unversöhnt sind, entstehen ungerechte Strukturen, ungerechte Verteilung der Lebenschancen, ungerechte Verteilung der Güter. Wo das Geld herrscht, gibt es keine Gerechtigkeit. Da geht es immer nur um noch mehr Geld. Gerechtigkeit heißt, dass ich mir selbst, meinem Wesen als Mensch gerecht werde. Wenn ich mich vom Geld beherrschen lasse, werde ich meinem Wesen nicht gerecht. Dann werde ich auch den andern nicht gerecht. Dann achte ich nicht auf den Grundsatz der Gerechtigkeit *suum cuique*, also jedem das Seine zu geben. Dann geht es mir nicht um das Recht des andern, sondern nur um die Erfüllung meiner eigenen Bedürfnisse.

Im persönlichen Bereich strebt der nicht versöhnte Mensch nach Maßnahmen gegenüber anderen Menschen, die ungerecht sind. Er rächt sich gleichsam durch ungerechtes Tun an denen, die er nicht mag, von denen er sich ungerecht behandelt fühlt. Viele fühlen sich von den Eltern ungerecht behandelt. Da wird der Bruder oder die Schwester vom Vater oder von der Mutter vorgezogen. Die ungerechte Behandlung der Kinder zeigt immer, dass die Eltern nicht ausgesöhnt sind mit ihrer eigenen Lebensgeschichte, sondern dass sie ihre eigenen Bedürfnisse auf die Kinder projizieren. Sie meinen, sie würden die Kinder gerecht behandeln. Doch sie merken nicht, dass sie ihre eigenen verdrängten Bedürfnisse auf die Kinder projizieren und so die Kinder vorziehen, die ihre ungelebten Wünsche leben. Menschen, die sich als Kinder ungerecht behandelt fühlen, agieren ihr Gefühl von Ungerechtigkeit oft an anderen Menschen aus. Obwohl sie selbst an der ungerechten Behandlung durch die Eltern gelitten haben, handeln sie selber ungerecht und geben ihre Verletzungen weiter.

In unserer Welt gibt es eine ungerechte Güterverteilung. Auch wenn wir uns noch so sehr um Gerechtigkeit mühen, wird es nie eine absolute Gerechtigkeit auf Erden geben. Auf der einen Seite sollen wir – wie Jesus sagt – hungern und dürsten nach der Gerechtigkeit. Wir sollen uns für die Gerechtigkeit in der Welt einsetzen. Auf der anderen Seite müssen wir uns auch damit versöhnen, dass es keine absolute Gerechtigkeit geben wird. Daher ist es die Aufgabe des Einzelnen, sich mit den Menschen zu versöhnen, die in Verhältnissen leben, die wesentlich komfortabler sind als die seinen. Auch wenn ich es für ungerecht halte, dass andere Menschen so reich sind, gilt es, mich mit diesen ungerechten Verhältnissen auszusöhnen. Das bedeutet nicht, dass ich mich damit zufriedengebe. Wir sollen auch für die Gerechtigkeit kämpfen. Aber auch wenn wir uns noch so sehr für die Gerechtigkeit einsetzen, so wird es nie absolute Gerechtigkeit geben. Mit dieser Begrenztheit in unserem Streben nach Gerechtigkeit müssen wir uns aussöhnen.

Die Versöhnung zwischen den Völkern ist die Voraussetzung dafür, dass in unserer Welt Gerechtigkeit herrscht. In einer versöhnten Welt strebt man nach Gerechtigkeit. In unserer globalisierten Welt ist die Gerechtigkeit die Voraussetzung, dass die Menschheit immer mehr zusammenwächst, dass sie die Ressourcen gerecht verteilt. Wenn die Globalisierung von der Macht der Stärkeren durchgesetzt wird, wird sie zu einer ständigen Quelle von Streit und Krieg und Feindschaft werden. Die Globalisierung wird nur zum Segen der Menschheit werden, wenn sie mit Gerechtigkeit verbunden wird. Die Spannungen in unserer Welt sind teilweise dem Versuch der USA geschuldet, die eigenen Interessen mit ihrer wirtschaftlichen Macht in der Welt durchzusetzen und so den Weg der Globalisierung zu bestimmen. Doch das führt in vielen Ländern zum Widerstand. Diesem Widerstand bin ich in Ländern Südamerikas begegnet, aber auch in asiatischen Ländern, die wirtschaftlich durchaus eng mit den USA verbunden sind. Versöhnung wird die Widerstände und Vorurteile auflösen. Aber es braucht Zeichen der Versöhnung, damit die Globalisierung in Zukunft gut gelingt.

Harmonie

Harmonie war ein zentraler Begriff für die griechische Philosophie. Er bedeutet die Vereinigung von Entgegengesetztem zu einem geordneten Ganzen, die Einheit in der Mannigfaltigkeit eines Ganzen. Die Griechen spre-

Die Früchte der Versöhnung

chen von der *harmonia mundi*, von der Harmonie der Welt. Pythagoras glaubt an die Harmonie der Sphären, die sich dann auch in der menschlichen Musik einen Ausdruck sucht. Harmonie bedeutet, dass alles zusammenklingt. Harmonie ist in sich Versöhnung von widersprüchlichen Tendenzen.

Harmonie bedeutet nicht Harmonisieren. Im Harmonisieren will ich die Gegensätze und Widersprüche nicht wahrnehmen. Es entsteht ein Scheingefühl von Versöhnung. Harmonie bedeutet, dass auch gegensätzliche Menschen miteinander harmonisch umgehen. Wenn zu einem Fest Gäste eingeladen sind, haben wir nachher oft das Gefühl: Das war ein harmonischer Abend. Doch die Frage lautet: Woran lag es, dass es ein harmonischer Abend wurde? Zum einen lag es daran, dass vom Gastgeber ein Gefühl von Ruhe und Offenheit, von Weite und Wohlwollen ausging. Der Gastgeber hatte bewusst nicht nur Menschen geladen, die die gleiche Wellenlänge haben, sondern auch Menschen, die anders denken. Die gegensätzlichen Standpunkte haben die Harmonie jedoch nicht gestört, weil alle bereit waren, die Gegensätze zu überbrücken. Wäre der Gastgeber jedoch gestresst gewesen und hätte sich innerlich zerrissen oder unter Druck gesetzt gefühlt, alle Gäste zusammenzubringen, hätten die Gäste diesen Druck und die innere Zerrissenheit gespürt und es wäre kein harmonischer Abend entstanden. Nur dort, wo die Gastgeber mit sich versöhnt sind und auch etwas Versöhnendes ausstrahlen, kann ein harmonisches Fest gefeiert werden.

Mut

Romano Guardini versteht den Mut darin, „das eigene Dasein anzunehmen ... Dieses Dasein ist ein Gewebe aus Gutem und Schlimmem, Freudigem und Leidbringendem; aus Dingen, die helfen und tragen, ebenso wie aus solchen, die hindern und lasten. Mut aber bedeutet, darin nicht auszusuchen, was gefällt oder leicht gelebt werden kann, sondern das Ganze so anzunehmen, wie es ist."[20] Mut hat also damit zu tun, sich auszusöhnen mit seinem Schicksal, bereit zu sein, das zu tragen, was mir widerfährt, auch wenn es manchmal unangenehm ist. Der Mut sucht nicht aus, sondern nimmt an, was ihm zugemutet wird.

Insofern hat der Mut mit Versöhnung zu tun. Mut zeigt auf der einen Seite, dass die Versöhnung nicht so einfach ist, sondern eben Tapferkeit braucht, sich mit dem auszusöhnen, was in mir ist und was mir von außen widerfährt. Mut ist aber auch eine Frucht der Versöhnung. Wenn ich ausgesöhnt bin mit mir selbst, dann finde ich in mir auch den Mut, das anzunehmen, was mir widerfährt. Und Mut ist die Bereitschaft, auch das anzunehmen, was in Zukunft auf mich zukommen wird. Für Guardini besteht der Mut auch darin, es mit der Zukunft zu wagen. Der „Mut nimmt das Kommende an, sieht in ihm die eigene Aufgabe und stellt sich hinein."[21] In einer versöhnten Umgebung habe ich eher den Mut, etwas zu wagen. Denn ich muss mich nicht ständig absichern gegenüber Menschen, die ihre eigenen Schattenseiten auf mich projizieren. Ich brauche keine Angst zu haben, dass alle meine Worte sofort mit einem Shitstorm aus verletzenden Worten erwidert werden. In einer versöhnten Welt kann ich mich so geben, wie ich bin, kann ich das sagen, was für mich stimmig ist. Ich muss nicht ständig überlegen, wie andere auf meine Worte reagieren könnten. Und ich habe Mut, Probleme anzupacken, ohne Angst, dass ich einen Fehler machen könnte, der dann in der Öffentlichkeit breitgetreten wird.

Hoffnung

Dort, wo Versöhnung entsteht, sind die Menschen voller Hoffnung. Hoffnung macht die Menschen lebendig. Das deutsche Wort „hoffen" kommt von „hüpfen". Es drückt die Lebendigkeit aus, die Lust zu leben, die Lust, das Leben zu feiern. Die Lateiner wissen: *Dum spiro spero,* „Solange ich atme, hoffe ich". Die Hoffnung ist wesentlich für den Menschen. Ernst Bloch hat in seinem bedeutsamen Buch „Das Prinzip Hoffnung" festgestellt, dass nur das menschliche Tun wertvoll ist, das von Hoffnung durchdrungen ist und Hoffnung vermittelt. Die Hoffnung ist eine Quelle von Energie. Wenn ich erkenne, dass ich durch meinen Beruf Hoffnung in die Welt bringe, dann arbeite ich gerne und ich spüre auch Freude an der Arbeit. Ich habe mehr Energie, um gut zu arbeiten. Aber wir vermitteln nicht nur mit unserer Arbeit und mit unserem Beruf Hoffnung, sondern auch als Person. Und so ist es eine gute Übung, sich zu fragen: Welche Hoffnung vermittle ich als Person, in den Begegnungen mit andern, in meinen Gesprächen, in dem, was ich sage oder schreibe, in meiner Ausstrahlung auf andere?

Für Ernst Bloch ist die Hoffnung die Kraft, die eine neue und gute Zukunft schafft. Ein guter Architekt ist ein Architekt, dessen Bauten gebaute Hoffnung sind, Hoffnung auf Schönheit, auf Geborgenheit, auf Sicherheit, auf

Heimat. Eine gute Lehrerin vermittelt Hoffnung auf den Sinn des Lebens, Hoffnung, das Leben selbst zu gestalten und an einer guten Zukunft arbeiten zu können. Die Ärztin vermittelt Hoffnung auf Heilung, der Wissenschaftler Hoffnung auf neue Lösungen für die Energiekrise, die Klimakrise oder die Bekämpfung der Ausbreitung von Krankheiten. Die Hoffnung kann aber nur in einer versöhnten Welt blühen. Solange die Menschen unversöhnt sind, hoffen wir auf Versöhnung. Und diese Hoffnung sollten wir nicht aufgeben. Die Hoffnung ist etwas anderes als Erwartung. Die Erwartungen können enttäuscht werden. Hoffnung kann nicht enttäuscht werden. Denn wir hoffen immer für den andern und auf den andern. Und wir hoffen auf das, was wir nicht sehen, wie Paulus sagt. (Röm 8,25) So ist die Hoffnung ein Motor für die Versöhnung in der Welt und zugleich eine Frucht der Versöhnung. Denn eine versöhnte Welt ist voller Hoffnung auf eine bessere Zukunft.

Für den französischen Philosophen Gabriel Marcel, der eine Philosophie der Hoffnung geschrieben hat, gehören Hoffnung und Gemeinschaft zusammen. Ich hoffe nie nur für mich, sondern letztlich immer für uns. Für Gabriel Marcel ist der Individualismus ein Grund, warum sich heute viele Menschen mit der Hoffnung schwertun. Es braucht die Erfahrung einer versöhnten Gemeinschaft, damit die Hoffnung in uns aufblüht und uns die Kraft gibt, trotz aller Probleme an eine gute Zukunft für unsere Welt zu glauben und uns dafür einzusetzen.

Wir sehen heute die Schwierigkeiten, die eine Versöhnung behindern. Umso mehr brauchen wir die Hoffnung. Wir dürfen uns die Hoffnung nicht zerstören lassen durch die Realität der gespaltenen Gesellschaft, durch die Realität der kriegerischen Auseinandersetzungen in der Welt, durch die Realität von Spaltungen in der Kirche, in den Firmen und in den Familien. Die Hoffnung ist die Kraft, die etwas zu verwandeln vermag. Der griechische Philosoph Heraklit hat das schöne Wort geprägt: „Wer aber das Unverhoffte nicht erhofft, der wird es nicht finden." So sollten wir uns im Blick auf die manchmal düstere Wirklichkeit unserer Welt die Hoffnung nicht nehmen lassen.

Die Bibel ermutigt uns immer wieder zur Hoffnung. Als die Juden aus der babylonischen Gefangenschaft zurückkehrten, stockte der Wiederaufbau. Esra, der sich darum bemüht, das jüdische Volk aufzurichten, bekennt weinend die Schuld und das Unvermögen zur Versöhnung. Doch dann antwortet ihm Schechanja: „Wir sind es, die gegen unseren Gott treulos waren (...). Jetzt aber besteht hier noch eine Hoffnung für Israel." (Esra 10,2) Die Psalmen mahnen uns immer wieder, an der Hoffnung festzuhalten: „Hoffe auf den Herrn, und sei stark! Hab festen Mut und hoffe auf den Herrn!" (Ps 27,14) Im Psalm 37,9 heißt es: „Die aber hoffen auf den Herrn, sie besitzen das Land." „Das Land besitzen" ist ein Bild für das gelingende Leben. Die Hoffnung ermöglicht ein friedliches Leben im Land.

Die ersten Christen strahlten in ihrer Gesellschaft offensichtlich Hoffnung aus. Das machte die Menschen um sie herum neugierig. Der 1. Petrusbrief gibt den Christen, die von den Heiden nach dem Grund ihrer Hoffnung gefragt werden, die Weisung: „Seid allezeit bereit zur Antwort einem jeden gegenüber, der von euch Rechenschaft fordert über die Hoffnung in euch." (1 Petr 3,15) Das wäre auch unsere Aufgabe als Christen in dieser Welt, dass wir mitten in dieser gespaltenen Welt zu einem Sauerteig der Hoffnung auf Versöhnung werden, dass wir uns nicht von den negativen Erfahrungen lähmen lassen, sondern an unserer Hoffnung festhalten. So mahnt auch der Hebräerbrief die Christen, die damals – wie auch heute – müde geworden sind in ihrem Glauben und ihrer Hoffnung: „Lasst uns ohne Wanken am Bekenntnis der Hoffnung festhalten; denn treu ist der, der die Verheißung gegeben hat." (Hebr 10,23)

VI
Jede Versöhnung ist ein Neuanfang
Schluss

Jede Versöhnung ist ein Neuanfang. Bevor Paulus im zweiten Korintherbrief vom Dienst der Versöhnung spricht, den Christus ihm und allen Christen aufgetragen hat, erinnert er die Christen daran, dass sie eine neue Schöpfung sind: „Wenn jemand in Christus ist, so ist er eine neue Schöpfung. Das Alte ist vergangen, Neues ist geworden." (2 Kor 5,17) Evagrius Ponticus, ein Mönch aus dem 4. Jahrhundert, rät den Mönchen, die ständig um die Vergangenheit mit ihren Verletzungen und Enttäuschungen kreisen, sie sollten sich dieses Wort immer wieder vorsagen, es in ihre Enttäuschung hineinsprechen. Dann würden sie spüren: Ich bin nicht nur meine Vergangenheit, ich bin in Christus neu geworden. Ich kann das Alte hinter mir lassen.

Die Erfahrungen, die die Mönche mit diesem Wort gemacht haben, können auch wir machen, wenn ich mir immer wieder vorsage: Ich bin versöhnt mit meiner Geschichte, mit meinem Freund, mit meinem Ehepartner, mit den Kollegen in der Firma, dann werde ich erleben, dass etwas Neues in mir wächst. Solange ich unversöhnt bin, spüre ich die Last der Vergangenheit auf mir. Die alten Konflikte bedrücken mich, sie lähmen mich, sie rauben mir Energie. In der Versöhnung werfe ich die Last der alten Streitigkeiten und Missverständnisse, der Vorurteile und Verurteilungen ab. Dann kann ich neu beginnen, einen neuen Anfang setzen. Und ich erlebe mich neu, wie neu geboren, mit neuem Lebensmut, mit neuer Energie und neuer Hoffnung für die Zukunft.

Viele Menschen haben das Gefühl, dass sie durch ihre Vergangenheit festgelegt sind. Sie fühlen sich benachteiligt, weil sie in ihrer Lebensgeschichte so viele Verletzungen und Behinderungen erfahren haben. Die Versöhnung ist die Verheißung: Wir sind nicht festgelegt durch die Vergangenheit. Wir können als versöhnte Menschen immer wieder neu anfangen, neu auf die Menschen zugehen, uns neu auf das Leben einlassen, ohne dass wir die Last der Vergangenheit immer mit uns mitschleppen müssen. Wir verdrängen die Vergangenheit nicht, aber wir befreien uns von ihrer Last, indem wir uns mit ihr versöhnen.

Für den Neuanfang nach der Versöhnung gelten zwei widersprüchliche Worte: einmal das Wort von Hermann Hesse, dass in jedem Anfang ein Zauber innewohnt. Zum andern das Sprichwort: „Aller Anfang ist schwer." Wenn ich mich mit einem Freund versöhnt habe, dann spüre ich den Zauber des neuen Anfangs. Auf einmal können wir persönlicher miteinander sprechen, als es je zuvor möglich war. Wir sprechen auch über unsere Schattenseiten, die wir während des Konfliktes und Streites kennengelernt haben. Wir machen einander nichts mehr vor. Jetzt vertrauen wir dem andern ganz und gar. Wir sind frei geworden von dem Bild, das wir uns jeweils vom andern gemacht haben. Und wir haben das Gefühl, dass wir beide reifer geworden sind. Wir sind beide durch schwierige Zeiten durchgegangen, durch Zeiten des Missverständnisses auf beiden Seiten, durch Zeiten der Entfremdung, der Verletzung, der Hilflosigkeit, der Ohnmacht. Doch jetzt haben wir diese dunklen Zeiten hinter uns gelassen. Die Sonne der Versöhnung ist über uns aufgegangen. Jetzt gehen wir in einem hellen und zugleich milden Licht, das alles Dunkle in uns erleuchtet, das alles in uns annimmt, was wir während des Konfliktes verdrängt und auf den andern projiziert haben.

Der Zauber des neuen Anfangs war erfahrbar, als Adenauer und de Gaulle einander die Hände reichten, als auf einmal neue Freundschaften zwischen Deutschen und Franzosen entstanden, als Soldaten, die im Krieg gegeneinander kämpften, auf einmal gemeinsame Gottesdienste feierten. Auch über der Versöhnung zwischen West- und Ostdeutschland lag ein Glanz, der die Augen der Menschen zum Leuchten brachte. Man konnte die Vergangenheit hinter sich lassen, in der man sich voreinander abgeschottet hatte. Nicht nur Verwandte lagen sich in den Armen, sondern auch Menschen, die sich gar nicht kannten. Sie feierten gemeinsam das Fest der Wiedervereinigung.

Zugleich erfuhren die Menschen im Westen und im Osten, dass aller Anfang schwer ist. Nach der ersten Euphorie kamen Enttäuschungen auf beiden Seiten hoch. Die Menschen im Osten erlebten die Westdeutschen oft als arrogant und besserwisserisch. Die Menschen aus dem Westen, die in den Osten gingen, um die ostdeutschen Banken oder Ämter zu unterstützen und neu zu organisieren, waren enttäuscht über die manchmal verkrusteten Strukturen und den Widerstand gegenüber Neuerungen. Und Neidgefühle kamen auf, dass die Menschen im Westen mehr Geld verdienten als die im Osten. So erfuhren nicht nur die Politiker, sondern alle Bürger und Bürgerinnen, dass Versöhnung auch schwer sein kann, dass sie einen langen Pro-

Jede Versöhnung ist ein Neuanfang

zess der Verwandlung bedeutet. Doch Verwandlung kann nur gelingen, wenn man das, was geworden ist, annimmt. Die Menschen im Westen müssen die Menschen im Osten mit ihrer Geschichte und ihren Erfahrungen würdigen. Nur dann kann etwas Neues wachsen. Auf beiden Seiten müssen Vorurteile abgebaut werden, die Offenheit, sich auf neue Verhältnisse einzulassen, muss wachsen. Dann wird mitten in dem mühsamen Prozess der Versöhnung immer wieder einmal der Zauber des Anfangs aufleuchten.

Dass aller Anfang schwer ist, erfahren auch Ehepaare, die sich versöhnt haben. Sie haben beide den Entschluss gefasst, dass sie die Verletzungen und Enttäuschungen hinter sich lassen wollen. Doch immer wieder steigen die alten Verletzungen wieder hoch und trüben das versöhnte Miteinander.

Eine Hilfe, damit die Versöhnung gelingen kann, sind Versöhnungsrituale. Hans Jellouschek hat in der Ehe-Therapie solche Versöhnungsrituale entworfen und sie immer wieder mit Ehepaaren durchgeführt. Ein Versöhnungsritual kann so aussehen, dass die Verletzungen und Konflikte offen ausgesprochen werden. Aber zugleich spricht man ehrlich aus, dass man bereit ist, das Vergangene hinter sich zu lassen und neu anzufangen. Hilfreich ist es, wenn ein Zeuge beim Versöhnungsritual dabei ist. Man kann auch die Verletzungen und Enttäuschungen aufschreiben und sie dann nach dem Vorlesen gemeinsam verbrennen. Wenn dann nach der Versöhnung doch wieder alte Verletzungen auftauchen, kann man sich sagen: Ich habe die alten Verletzungen verbrannt. Ich lasse sie verbrannt sein. Nach dem Verbrennen feiert man ein Fest der Versöhnung. Und auch da ist es gut, wenn nicht nur der Zeuge, sondern auch Freunde dabei sind. Dann wird die

Jede Versöhnung ist ein Neuanfang

Versöhnung auch für die Freunde offensichtlich. Und die Freunde sind erleichtert, weil sie nun wieder mit beiden Partnern gute Beziehungen haben können. Denn wenn die Partner unversöhnt sind, spalten sie oft auch ihre Freunde.

Es gibt nicht nur das Versöhnungsritual am Anfang der Versöhnung. Es braucht auch immer wieder Rituale, die uns an die Versöhnung erinnern. So gab es für die deutschfranzösische Versöhnung immer wieder Rituale, wenn der deutsche Bundespräsident Frankreich besucht hat oder der französische Präsident in Deutschland war. Die deutsche Wiedervereinigung braucht immer wieder Rituale, die an das Wunder des Mauerfalls erinnern. Das geschieht am Tag der Deutschen Einheit. Auch wenn manche meinen, da würden immer zu große Worte geredet, so ist es doch wichtig, sich gemeinsam an die Wiedervereinigung zu erinnern und sie zu feiern und sie zugleich als Herausforderung zu sehen, sie immer tiefer auch in die Köpfe eindringen zu lassen und alte Vorurteile abzubauen.

Ähnlich ist es bei der Versöhnung zwischen Ehepaaren oder Freunden. Es braucht dann die täglichen Rituale des Kusses oder der Umarmung. Oder man kann den Tag der Versöhnung jedes Jahr als kleines Fest begehen. Die versöhnten Freunde könnten einen gemeinsamen Wandertag planen. Rituale erinnern nicht nur an die Versöhnung, die wir geschlossen haben, sondern verstärken sie auch. Denn sie drücken die versöhnenden Gefühle aus, die wir beim Akt der Versöhnung gespürt haben, die wir aber im Alltag immer wieder vergessen. Und diese Gefühle bewegen etwas in uns. So wird die Versöhnung immer wieder erfahrbar, mitten im Alltag.

Versöhnung ist möglich. Aber der Weg zur Versöhnung ist oft voller Stolpersteine. Auf diesem Weg gibt es immer wieder auch Rückschritte und Umwege. Aber wir sollten die Hoffnung nicht verlieren, dass auch heute Versöhnung möglich ist. Mein Anliegen beim Schreiben dieses Buches ist es, die Hoffnung auf Versöhnung zu stärken. Die Hoffnung schärft unsere Augen, damit sie hier und jetzt schon die Spuren der Versöhnung entdecken. Und die Hoffnung ermutigt uns, immer wieder Versöhnung zu wagen.

Die Überlegungen über die Versöhnung haben gezeigt, wie wichtig dieses Thema für unsere Zeit ist. Die Versöhnung ist die Voraussetzung, dass das persönliche Leben gelingt, aber auch dass ein gutes Miteinander in der Gesellschaft und zwischen den Völkern möglich ist. Die Versöhnung zwischen den Menschen und Völkern, aber auch die Versöhnung zwischen Menschen und Natur ist die Voraussetzung, dass wir und unsere Nachkommen auf dieser Erde ein gutes und gedeihliches Leben führen können. Das wünsche ich allen Lesern und Leserinnen, dass sie versöhnt mit sich und mit andern, versöhnt mit Gott und mit der Schöpfung in dieser Welt leben und selbst zu einer Quelle der Versöhnung werden für die Menschen, mit denen sie gemeinsam unterwegs sind.

Sachregister

Aggression 25, 50f., 98
Arbeitsplatz 78
Ambiguität/Mehrdeutigkeit 91, 93
Ambiguitätstoleranz 92

Beziehung 22, 24–26, 32, 34f., 38, 47, 62f., 65, 68, 73, 97, 107f., 134, 151
Bibel 94f, 108, 115, 121, 137, 144

Demut 46, 52, 58, 67, 101, 105f.
Depression/depressive Stimmung 51, 121f.
Deutsche Wiedervereinigung/Mauerfall 123, 149, 151
Distanz 34f., 37, 74

Ehe 60
Ehefrau/-mann 132f.
Ehepaar 150f.
Ehepartner/in siehe Partner/in
Eltern siehe auch Familie 20, 24, 35, 43, 47, 49, 60f., 63–65, 68f., 77, 80, 88, 93, 131, 135, 138
Energie (metaphorisch) 26, 37f., 46f., 74, 79, 130, 142, 147f.

Energie (Strom) 15, 124, 143

Familie 14, 17, 23f., 29, 35f., 43, 48, 60, 65–68, 77, 80, 87f., 116, 120, 130f., 144
Familienkonstellation 49
Finanzkrise 13
Firma 17, 43, 56, 78–82, 88, 101, 133, 135, 147
Freundschaft 14, 17, 24, 70–73, 75–78, 92, 96f., 129, 133, 149
Frieden 23, 44–46, 50, 55, 69f., 73, 75, 97, 108, 110, 116f., 123, 125, 129–131, 136f.

Gemeinschaft 22, 24, 66, 73, 86, 94, 143
Gerechtigkeit 37, 70, 109, 125, 137–139
Geschwister siehe auch Familie 34, 47, 60, 64–67, 80, 131, 135
Geschwisterneid 70
Gesellschaft 13–17, 37, 43, 54, 80, 86–92, 94–96, 101f., 124, 127, 129–132, 134–136, 143f., 152
gespaltene G. 13–15, 43, 87, 90, 94, 102, 134, 143

153

Sachregister

Gespräch 14f., 21, 30f., 34, 44, 52, 55, 60f., 63, 65f., 70f., 77–80, 82f., 86, 90, 94, 100, 129f., 142
Glaube 32, 36f., 50, 55, 76, 82f., 85, 100, 109, 120, 145
Globalisierung 101, 139
Gott 16, 36f., 41, 49, 52f., 55–59, 67f., 84f., 95, 103–111, 115f., 118, 120, 128, 130, 144, 152

Harmonie 25, 66, 125, 139f.
Himmel 103, 110f.
Hoffnung 17, 32, 34–36, 70, 90f., 115, 119, 121–125, 128, 142–145, 148, 152

Idealbild 52, 56, 58, 109
Impfen 14, 76f.
Impfgegner/Impfbefürworter 78, 90
innere Wahrheit/eigene Wahrheit 21, 23, 25, 38, 45
innerer Feind/innerer Gegner 44–47, 116

Jesus 24, 33, 38, 44, 53, 57, 104, 107–110, 138

Kirche 43, 82–86, 88, 93, 99, 120, 123, 144
Klima (metaphorisch) 22f., 25, 101, 136
Klima (metereologisch) 13f., 103, 134, 137, 143

Klimaproteste 14
Konflikt 13, 15f., 20, 23–26, 33, 60f., 69–71, 73, 80, 87–91, 101, 120f., 124, 135, 137, 147–150
Kontrolle 20–22, 87
Kontrollverlust 19–21
Kränkung 69, 91
Kreuz 109–111
Krieg 13, 29, 45, 55, 96–98, 100, 124, 130, 132f., 137, 139, 144, 149

Liebe 32, 43, 50–52, 54, 56–58, 68–70, 107, 110, 130
–liebe 57f., 107

Medien/neue soziale Medien 14–16, 89f., 93
Migration/Einwanderung 13
Missbrauch, sexueller 23f., 34, 36, 39, 48
Muster (psychologisch) 20f., 61, 66, 132
Mut 17, 45, 52, 125, 128, 141f., 144, 148

Natur 41, 103–106, 110, 128, 130, 152
Neid 46, 70, 121f., 149
Neurose 45

Offenheit 13, 30, 87, 140, 150
Opfer/-rolle 34, 37f., 43, 93

Sachregister

Pandemie 13, 76–78, 137
Partner/-in 51, 60–63, 133, 147, 151
Partnerschaft 24, 61, 63, 96
Protest 14, 49, 86, 89, 91

Rache 66–68
Respekt 78, 91
Ritual 99, 150f.
Rivalität 65, 79, 86

Schatten(seite) (psychologisch) 45, 47, 50–58, 116f., 141, 148
Schöpfung 103–106, 111, 147, 152
Schuld 23, 25f., 32, 35–37, 47, 54–56, 59, 63, 68, 75, 78, 108f., 117–119, 144
Segen 39, 53, 115, 127, 139
Sehnsucht 17, 31f., 51, 68, 88
Selbsterkenntnis 33
Selbstwertgefühl 20, 50, 93
Shitstorm 14, 141
Spaltung 13, 15–17, 22, 25, 33, 44, 71, 78–83, 85f., 89, 91f., 94, 122, 134, 144
Spiritualität 85, 104, 106

Sprache 73, 89, 94–96, 102, 129

Täter/-rolle 34, 37
Tod/Sterben 33, 56, 65, 69

Über-Ich 45, 55, 108
Ukraine 13, 97f., 124, 130

Verbundenheit 17, 33, 125, 134–136
Vergangenheit 49, 68, 80f., 86, 93, 98–100, 115, 131f., 147–149
Vergebung 34–36, 48f., 55, 60, 63, 68, 72–74
Verschwörungstheorien/ Verschwörungstheoretiker 13–15, 76f.
Vertrauen 22, 48, 50, 62f., 93, 101, 125, 130, 132–134
Vorurteil(e)/Ressentiments 30–33, 87–89, 97f., 100f., 123, 139, 147, 150f.

Weltkriege siehe auch Krieg 29, 96f., 100, 130, 133
Widerstand 81f., 139, 149

155

Anmerkungen

1 Mitja Back / Gerald Echterhoff / Olaf Müller / Detlef Pollack / Bernd Schlipphak, Von Verteidigern und Entdeckern. Ein neuer Identitätskonflikt in Europa, Springer 2022.
2 Zur Gruppe der Entdecker gehören in Deutschland 14 Prozent der Bevölkerung, zur Gruppe der Verteidiger gehören 20 Prozent der Bevölkerung, vgl. Back, Von Verteidigern, 2022, S. 3.
3 Vgl. Ulrich Schnabel, Wenn es darauf ankommt, ZEIT, 22.09.2022, S. 27f.
4 Vgl. ebd.
5 Zit. n. Schnabel, Wenn es darauf ankommt, 2022, S. 28.
6 Ebd.
7 Zit. n. Anant Agarwala / Anna-Lena Scholz, Die Spaltung ist ein Angstszenario, in: ZEIT, 22.09.2022, S. 29.
8 Friedrich Nietzsche, Also sprach Zarathustra, in: Werke hg.. K. Schlechta, München 1954, Bd. 2, S. 295.
9 Siehe dazu John A. Sanford, Alles Leben ist innerlich. Meditationen über Worte Jesu, Freiburg 1974, S. 90f.
10 Vgl. ebd., S. 96f.
11 Albert Görres, Das Böse. Wege zu einer Bewältigung in Psychotherapie und Christentum, Freiburg 1982, S. 137.
12 Richard von Weizsäcker, Der 8. Mai 1945, in: Deutsche Reden von Luther bis zur Gegenwart, hg. v. Gert Ueding, Frankfurt 1999, S. 274f.
13 Agarwala/Scholz, Die Spaltung ist ein Angstszenario, ZEIT, 22.09.2022, S. 29.
14 Ebd.
15 Weizsäcker, Der 8. Mai 1945, S. 274.
16 Ebd., S. 275.

Anmerkungen

17 Guido Kreppold, Die Indianer und das weiße Christentum, Augsburg 1996, S. 41.
18 Eduard Lohse, Die Briefe an die Kolosser und an Philemon, Göttingen 1977, S. 101.
19 Peter Huchel, Die Gedichte, hg. v. Axel Vieregg, Frankfurt 1997, S. 320.
20 Romano Guardini, Tugenden, Meditationen über Gestalten sittlichen Lebens, 3. Auflage Würzburg 1987, S. 93.
21 Ebd., S. 97.

Wir danken dem Suhrkamp Verlag für die folgende Abdruckgenehmigung: „Die Versöhnung", aus: Peter Huchel, Gesammelte Werke in zwei Bänden. Band I: Die Gedichte. S. 320. © Suhrkamp Verlag Frankfurt am Main 1984. Alle Rechte bei und vorbehalten durch Suhrkamp Verlag Berlin.

Das Kraft- & Trost-Buch für alle Lebenslagen

240 Seiten
Gebunden mit Schutzumschlag
ISBN 978-3-451-03400-8

Abschiednehmen kann schmerzhaft sein und sehr weh tun. Aber es kann auch Aufbruch zu neuer Lebendigkeit, ein Tor zu größerer Freiheit werden. Ein sehr persönliches Buch Anselm Grüns über Lebenskunst: eine Kultur guten Lebens, das um seine Endlichkeit und Begrenztheit weiß – aber gerade deswegen auch um seine Kostbarkeit.

In jeder Buchhandlung!

HERDER

www.herder.de